¡Excelencia ahora! Humanismo extremo

Tom Peters

EMPRESA ACTIVA

Argentina – Chile – Colombia – España
Estados Unidos – México – Perú – Uruguay

¡Excelencia ahora!

El liderazgo 7/COVID-19

Sé amable.

Sé cariñoso.

Sé paciente.

Sé indulgente.

Sé positivo.

Está presente.

Camina con los zapatos de otras personas.

Título original: *Excellence Now: Extreme Humanism*
Editor original: Networlding Publishing
Traducción: Andrés Ruster López

1.ª edición Enero 2022

Copyright © 2021 *by* Tom Peters
Published by special arrangement with Networlding Publishing
in conjunction with their duly appointed agent 2 Seas Literary Agency
and SalmaiaLit, Literary Agency
All Rights Reserved
© 2022 *by* Ediciones Urano, S.A.U.
Plaza de los Reyes Magos, 8, piso 1.º C y D – 28007 Madrid
www.edicionesurano.com

ISBN: 978-84-16997-55-8
E-ISBN: 978-84-19029-01-0
Depósito legal: B-18.253-2021

Fotocomposición: Ediciones Urano, S.A.U.

Impreso por: Rotativas de Estella – Polígono Industrial San Miguel
Parcelas E7-E8 – 31132 Villatuerta (Navarra)

Impreso en España – *Printed in Spain*

¡Excelencia ahora! Humanismo extremo

por Tom Peters

Permisos

Se agradece el permiso de reimpresión de material publicado anteriormente en el siguiente enlace:
TomPeters.com/writing/books/excellence-now-extreme-humanism/permissions

Diseñado por Donovan/Green.

Dedicatoria

Robbin Reynolds, que por casualidad leyó un artículo mío aparecido en *Business Week*, en julio de 1980, me envió sin avisar una carta con un contrato de Harper & Row adjunto para escribir un libro, y me ordenó: «Hay un libro en ese artículo». De ahí, con algunos pasos intermedios, surgió *En busca de la excelencia*.

Nancy Austin, socia y colega, que dijo que a *En busca de la excelencia* le faltaban elementos de acción y que necesitaba más energía; y por ello se convirtió en la inspiradora coautora de *Pasión por la excelencia*, y en la causa principal de mi uso extremo de cursivas, negritas y, sobre todo, signos de exclamación rojos.

Heather Shea, antigua presidenta de mi empresa de formación, The Tom Peters Company, que me informó una tarde, mientras tomaba una copa de chardonnay, de que yo no sabía nada sobre la escasa representación y el potencial infrautilizado de las mujeres en puestos de liderazgo en las empresas. Entonces, convocó una reunión de mujeres (muy) poderosas y me ordenó que acudiera. A partir de allí, esas mujeres, a las órdenes de Heather, me sermonearon sin parar durante tres intensas horas sobre mis deficiencias, iniciando así mi obsesión de 25 años (1996-2021) con el poder que tienen las mujeres en el mercado y la demostrada excelencia en el liderazgo.

Sally Helgesen, cuyo libro *The Female Advantage* fue mi principal tutorial sobre temas de la mujer en los negocios. Ese libro, junto con el trabajo posterior de Sally y sus buenos consejos, modificaron muchas de mis vías neuronales.

Susan Cain. Pocas veces un solo libro pone la vida de uno patas arriba. El libro de Cain de 2013, *Quiet: The Power of Introverts in a World That Can't Stop Talking*, lo hizo. Es mi elección fácil como el nuevo libro de negocios más impactante del siglo hasta la fecha. Susan me dijo, de forma personal y directa, o al menos así lo sentí, que yo era un «gurú de los negocios» / «líder de pensamiento» que había ignorado de hecho a la mitad de la población trabajadora, a esos introvertidos, cuyas contribuciones como líderes, por ejemplo, suelen eclipsar a los bichos ruidosos. Inclinando la cabeza, estoy siempre en deuda con ella.

Marianne Lewis, decana de la Escuela de Negocios Lindner de la Universidad de Cincinnati. La Dra. Lewis está aprovechando su cargo para reinventar la educación de las escuelas de negocios (que tanto necesita una profunda reinvención), dando prioridad a las terriblemente mal llamadas «habilidades blandas»: el liderazgo, las personas, la comunidad, el comportamiento moral y la excelencia.

Susan Sargent, artista de tapices, diseñadora de accesorios para el hogar, propietaria de un negocio cuyo enfoque del color cambió toda una industria; y extraordinaria organizadora de la comunidad (conservación, cambio climático, artes). Su nivel de energía hace que el conejo de Energizer sea un caracol en comparación. Además de ser mi esposa, colega y mejor amiga durante más de un cuarto de siglo.

Julie Anixter, Nancye Green, Melissa G Wilson y Shelley Dolley, por sus incansables esfuerzos para que este libro, mi «summa», sea lo mejor posible, es decir, excelente. Sus contribuciones profesionales han sido excepcionales y mucho más; y lo que es más importante, se han convertido en socias y colaboradoras de pleno derecho en este esfuerzo.

Nota: Esta no es una dedicatoria a «las mujeres de mi vida». Esta es una dedicatoria a once de las extraordinarias mujeres profesionales que han moldeado mis puntos de vista sobre las empresas eficaces, diversas, humanas y centradas en la moral.

Prólogo
por Vala Afshar

¿Cómo puede uno centrarse en la «excelencia» después de haber vivido el año 2020, en el que se produjeron las peores crisis sanitarias, económicas, climáticas, de injusticia racial y de igualdad, y de difusión de información errónea a gran escala de toda la vida? La respuesta de Tom Peters es comprometerse activamente y servir a nuestros empleados, a nuestras comunidades y al planeta, para aspirar nada menos que a la mejora de la sociedad. Y hacerlo «con todo tu corazón, toda tu alma y toda tu energía».

Cuando las conversaciones de los líderes empresariales giran en torno a la excelencia, la mayoría de las veces piensan en Tom Peters y *En busca de la excelencia*, un libro que leí por primera vez en la escuela de posgrado y que está ampliamente considerado como uno de los libros de gestión más influyentes de todos los tiempos. En los más de 40 años transcurridos desde ese libro, Tom ha viajado por 50 estados y 63 países, dando charlas a más de cinco millones de personas. Y ahora llega su décimonoveno libro y, según él, último, *Excelencia ahora: Humanismo extremo*.

Es un libro para hoy. Puede que Tom lleve bastante tiempo por aquí, pero no hay hierba que crezca bajo sus pies. Se ha lanzado a la era digital con fuerza. Sus abundantes intervenciones diarias en Twitter son un ejemplo de excelencia constante en la defensa de una vida encomiable. Ha tuiteado más de 125.000 veces y ha conseguido más de 170.000 seguidores. Él es la principal razón por la que me enamoré de Twitter. Me escribí por primera vez con Peters en Twitter, y al instante se convirtió en mi mentor a distancia. Es radicalmente transparente y generoso, y está dispuesto a comprometerse con todo el mundo. La sabiduría de Tom Peters, especialmente evidente en Twitter, es saber que todos los que conoces saben más que tú sobre algo.

La adhesión a los valores fundamentales es mi estrella del norte como líder. Pero mi eterna lucha es cómo pasar de definir mis valores a cumplirlos, día a día. Y cómo inspirar a mis colegas para que hagan lo mismo. ¿A quién puedo recurrir para que me guíe? ¿En quién podía confiar? ¿Estaba solo en este viaje? En medio de la búsqueda de respuestas, descubrí a Tom Peters, que cambiaría mi vida personal y profesionalmente. Su mensaje sobre la búsqueda permanente de la excelencia y el comportamiento moral acalló el ruido que me rodeaba y me ayudó a saber que no estaba solo. Y tú tampoco lo estás. Por eso Tom escribió este libro.

La primera vez que conocí a Tom Peters en persona fue cuando visitó nuestra oficina de Salesforce en Boston para una entrevista que se grabaría. Le recibí en nuestro vestíbulo, esperando ver a Peters y su séquito. Estaba solo, con una mochila y un jersey que había visto al ver su extensa biblioteca de vídeos sobre liderazgo. Me sorprendió sacando de su mochila mi libro, *The Pursuit of Social Business Excellence*. Tiene una forma maravillosa de mostrar aprecio y hacer que la gente se sienta mejor consigo misma.

En la preparación final para nuestra entrevista en vivo, vi a Tom revisando una gruesa carpeta de material que cubría un conjunto diverso de temas, incluyendo la importancia de la inteligencia emocional, los beneficios de promover más mujeres líderes y el impacto de la inteligencia artificial en el futuro del trabajo. Su excelente preparación dio lugar a un brillante intercambio. He entrevistado a más de 900 líderes empresariales desde 2013. Las dos más vistas, que se acercan a las 300.000 visualizaciones, son el par de debates con Tom Peters. Lo que fue aún más notable fue que Tom pasó más de dos horas después de nuestra entrevista formal reuniéndose con mis colegas, firmando libros, escuchando con interés y respondiendo a cientos de preguntas; luego se despidió tranquilamente y se fue. Inspiró a una docena de altos ejecutivos con humildad, gracia y un espíritu de generosidad que fue realmente edificante.

¿Por qué este libro podría decirse que es la contribución más importante de Peters en su ilustre carrera? Con contundencia, Tom dice: «Lo que estás haciendo ahora será el sello de toda tu carrera». No hay palabras más ciertas. Tom articula poderosamente cómo la excelencia en el liderazgo se consigue centrándose singularmente en ayudar a los demás a crecer. Peters lleva mucho tiempo diciendo con pasión que el trabajo de un líder no es ganar más seguidores, sino desarrollar más líderes.

Esta es una lectura obligada para los estudiantes universitarios que quieran aprender a tener éxito en los negocios; para los propietarios de pequeñas empresas que se preocupan profundamente por sus empleados, clientes y comunidades; para los mandos intermedios, las personas más importantes desde el punto de vista estratégico en cualquier empresa; y para los altos ejecutivos como yo (en mi caso, que trabajo en la empresa tecnológica de mayor éxito y crecimiento del mundo), que entienden la necesidad crítica de cultivar y mantener una cultura de confianza, crecimiento personal, innovación y verdadera igualdad.

Este Humanismo Extremo es un hermoso recordatorio de lo que más importa a la hora de perseguir objetivos vitales y profesionales. Poner a las personas en primer lugar, preocupándose profunda y apasionadamente por su desarrollo integral y su éxito; crear productos y servicios edificantes que aporten nada menos que alegría a nuestras vidas; prestar una atención ininterrumpida a los detalles, sabiendo que las pequeñas y continuas mejoras incrementales pueden suponer momentos de cambio; reconocer el poder de la inteligencia emocional y que las habilidades blandas son las más difíciles de desarrollar y las más importantes a largo plazo. Peters también nos recuerda que debemos tener un inequívoco sentido de la urgencia en relación con los grandes temas, como la necesidad urgente de la igualdad de género, el impacto del cambio climático y una educación asequible y accesible.

¿Cuánto tiempo estás dispuesto a esperar para convertirte en el líder excelente que aspiras a ser? Las comunidades, las empresas y los países buscan la excelencia ahora más que nunca, ya que se enfrentan a dislocaciones monumentales de todo tipo. La cuestión es si eres el líder que estará a la altura de las circunstancias y responderá a la llamada, que se comprometerá a liderar con integridad y valores humanos, independientemente del caos y la presión circundantes.

Tu verdadero legado es lo que la gente dice de ti cuando no estás en la sala. ¿Cómo te recordarán? ¿Te describirán como amable, cariñoso, paciente, indulgente, presente y positivo? En *Excelencia ahora*, Peters nos enseña las características de liderazgo que más importan en los momentos difíciles.

Una de las lecciones más profundas que aprendí de Tom es que la excelencia, tal como él la ve, no es un plan a largo plazo, no es una montaña que hay que escalar. La excelencia es la próxima conversación, la próxima reunión o la próxima presentación. «La excelencia son los próximos cinco minutos», dice Peters, «o no es nada en absoluto».

Creo que este libro es la mejor obra de Tom Peters, la culminación de cuatro décadas de investigación basada en datos, colaborando con algunos de los más consumados líderes empresariales y de gestión de todo el mundo. Por mi parte, pienso seguir sus pasos y aprender todo lo que pueda de un pionero como ningún otro en el campo de las humanidades, el liderazgo, la empresa, la excelencia y la vida.

Vala Afshar, *Chief Digital Evangelist*, Salesforce
Autor de *The Pursuit of Social Business Excellence*
Cofundador y copresentador del pódcast semanal DisrupTV

Epígrafes

«*Las empresas existen para mejorar el bienestar humano.*»

—Mihaly Csikszentmihalyi, *Good Business*

«*Si quieres que se diga algo, pídeselo a un hombre; si quieres que se haga algo, pídeselo a una mujer.*»

—Margaret Thatcher

«*Crear excelencia no es un trabajo. Crear excelencia es un acto moral.*»

—Hugh MacLeod, gapingvoid

Las personas y la comunidad son lo primero

Productos y servicios al servicio de la humanidad

La responsabilidad moral de la empresa

Ahora más que nunca

Serendipia: quizá sea una palabra que se utiliza con demasiada frecuencia, pero, extrañamente, es la palabra correcta para este momento.

- **Marzo de 2019:** Comienzo a trabajar en mi último libro, que resume más de cuarenta años de búsqueda de la excelencia. El objetivo es hacer un último y ruidoso llamamiento a poner a las personas y a la comunidad en primer lugar.

- **Febrero de 2020:** El borrador más o menos completo se envía a colegas y amigos para que lo comenten.

- **Marzo de 2020:** El COVID-19 cierra los Estados Unidos y gran parte del mundo. Acompañando al terremoto pandémico, las listas de desempleados solo en Estados Unidos aumentan en muchos millones.

- **Junio de 2020:** Los disturbios civiles se extienden por todo el país. Las protestas por la injusticia e inequidad racial, política y económica de larga data presagian una lucha larga y ruidosa, extraordinariamente importante y atrasada.

- **Otoño de 2020:** Las elecciones presidenciales más rencorosas de Estados Unidos en más de medio siglo: afloran las fracturas más profundas de la sociedad, con la desigualdad como principal pancarta; no se vislumbra que disminuyan.

- **Otoño-Invierno 2020-2021:** El COVID-19 continúa y —para usar un término demasiado usado que no me gusta pero que en este caso es apto— el tumulto se instala como la «nueva normalidad».

En cuanto a esa serendipia, los trastornos multidimensionales, apilados sobre el tsunami de destrucción de empleo por parte de la Inteligencia Artificial en curso y en aceleración, hacen que el mensaje de este libro sea mucho más oportuno, mucho más poderoso, mucho más pertinente y mucho más urgente de lo que podría haber imaginado.

Liderar en medio del caos. Liderar en medio de la angustia personal y económica provocada por el COVID-19. Liderar en medio del dolor social simbolizado por la conciencia ruidosa, furiosa y renovada de las inmensas desigualdades raciales. Liderar en medio del rencor político que amenaza las raíces mismas de nuestra democracia. Dirigir en medio de la inconfundible verdad de que el asombroso impacto del cambio climático no está «en camino», sino que ya ha llegado. ¿Cómo pueden los líderes hacer frente —y quizás incluso prosperar— mientras siguen esforzándose por servir a los miembros de su equipo, a las comunidades en las que están integrados y al propio planeta, en medio de esta locura?

Lo reitero por enésima vez, pero con más urgencia que nunca:

- El compromiso para el crecimiento de las personas es *efectivamente* lo primero.
- El compromiso con la comunidad es *efectivamente* lo primero.
- El planeta Tierra es *efectivamente* lo primero.
- Productos y servicios que no solo sean parecidos pero un poco más baratos, sino que sirvan a la humanidad y generen orgullo por nuestro oficio.

- Líderes que ponen en primer lugar la creación y el mantenimiento de una cultura solidaria y equitativa.
- Ahora.

Con *todo* tu corazón, *toda* tu alma y *toda* tu energía.
¡Sin fastidiar a los demás! ¡Maldita sea!

A mí me resulta extraño, pero cientos de veces me han preguntado los llamados «duros» de los negocios: «Tom, ¿por qué te centras tanto en este tema (blando) de las personas?». Mi mejor respuesta, aparte de qué otra cosa importa: las personas son exactamente tan importantes para un concesionario de coches o una auditoria de seis o sesenta personas —o Google— como lo son para un equipo de fútbol o una orquesta sinfónica, o para el Cuerpo de Marines de los Estados Unidos. Es decir, repito, personas, personas, personas… ¿qué más hay?

Una organización no es un organigrama esterilizado, una pila de descripciones de puestos de trabajo y un millón de procesos incoloros de «eficiencia ante todo». Una organización es una comunidad en sí misma que vive y respira. Una organización es una comunidad incrustada en comunidades: los hogares de sus empleados, sus clientes y los trabajadores de sus proveedores.

Nuestra respuesta a una crisis —esta crisis, cualquier crisis— será la manifestación de lo mucho que nos preocupamos por los demás y de la constancia con que lo hacemos. Tal y como yo lo veo, desde la perspectiva de un líder, el cuidado extremo emana, en primer lugar, de dar prioridad a nuestra gente y a nuestras comunidades.

Espero que estas páginas te inspiren a actuar, y hacerlo de forma extrema. Es muy sencillo: los tiempos extremos exigen respuestas extremas. Incluso me atrevo a esperar que las nuevas culturas organizativas que podamos construir frente a la locura de hoy, den paso a una revolución generalizada marcada por lugares de trabajo más humanos y más energizados, comprometidos con el crecimiento extremo (ahí está esa palabra de nuevo) de los empleados y la creación de productos y servicios que estén marcados por la excelencia e incluso, me atrevo a decir, que hagan el mundo un poco mejor.

Para terminar: puesto que para mí esto es o será comercializado como un «libro de empresa», te recuerdo que los datos dicen inequívocamente que «las personas primero» —es decir, la preocupación por la salud de la organización y la comunidad a largo plazo y la producción de productos y servicios que importan— es, de lejos, la práctica empresarial más eficaz que existe.

Un viaje de cuarenta y tres años de esperanza

Este libro es un «summa». Es un «último hurra». Es un «he hecho lo que he podido». Por favor, ponte en marcha, con extrema urgencia.

Llevo 43 años persiguiendo la excelencia, desde 1977, cuando comenzó la investigación de lo que se convirtió luego en el libro *En busca de la excelencia*. El trabajo se inició por cortesía de mi jefe de jefes, el director general de McKinsey & Company, donde yo trabajaba como consultor en la oficina de San Francisco. El director general se preguntaba por qué sus talentosos consultores ideaban estrategias empresariales ingeniosas y seguras, pero los clientes las encontraban difíciles o imposibles de aplicar. Yo acababa de terminar el doctorado en la Stanford Graduate School of Business; la implementación fue mi tema de disertación; de hecho, se decía que era el primero de su tipo y ganó varios premios. Me dieron un presupuesto ilimitado para viajar por —literalmente— todo el mundo en busca de ideas y ejemplos de aplicación eficaz de la estrategia en las grandes empresas.

En un momento dado, cuando llevaba un año de investigación, me pidieron que hiciera una presentación a un cliente sobre el tema que me habían asignado. La orden la dio mi gran jefe en San Francisco con menos de veinticuatro horas de antelación. La noche anterior a la presentación pública asistí a una extraordinaria actuación del Ballet de San Francisco. Cuando me senté a trabajar a la vuelta del ballet y empecé a escribir mis comentarios, se me pasó por la cabeza un pensamiento extraño.

Casi todos los adultos trabajan. Mantenemos nuestros puestos de trabajo sirviendo eficazmente a nuestros compañeros, clientes, consumidores y comunidades. ¿Por qué no podría ese trabajo —y ese servicio a los demás— imitar al ballet de San Francisco? ¿Por qué la excelencia del ballet no podría marcar nuestras organizaciones empresariales, de seis o seiscientas personas, y el trabajo de los que ejercemos nuestro oficio en ellas? La idea me atrajo tanto que al día siguiente titulé mi breve presentación con una sola palabra: Excelencia. Aunque la acogida a mi presentación fue positiva, no estuvo entre las que más resonó. Pero la idea —el porqué de la excelencia en los negocios— se me quedó grabada, y la elaboré un poco y la probé con mi equipo, que estaba muy disperso. Y con el tiempo, mis compañeros y, sobre todo y para mi deleite, nuestros clientes, aceptaron la idea y nos pusimos en marcha.

Eso fue hace 43 años. Y no he cambiado de opinión en todos estos 43 años. He pasado toda mi vida adulta buscando la excelencia individual y organizativa. Mi primer libro, escrito conjuntamente con Bob Waterman —un amigo íntimo todos estos años—, tuvo éxito por una serie de razones, entre las que destaca la perfecta sincronización. Su impacto fue tal que se convirtió en el libro más difundido en las bibliotecas estadounidenses de 1989 a 2006. Evidentemente, en retrospectiva, esta noción de «rendimiento empresarial / excelencia en los negocios» tocó una fibra sensible.

Recibí —y recibo— comentarios muy positivos, pero me he sentido enormemente frustrado por la falta de una «revolución de la excelencia». Aunque muchos se han adherido —especialmente en las pequeñas y medianas empresas—, la norma sigue siendo un rendimiento empresarial poco equilibrado. Así que me he puesto manos a la obra y he escrito diecisiete libros más y he pronunciado más de 2500 discursos en 63 países desde entonces. Los libros son, por elección, muy repetitivos y no requieren conocimientos de ciencia espacial para entenderlos:

- Cuidar a las personas: formarlas y capacitarlas, tratarlas con amabilidad y respeto, y ayudarlas a prepararse para el mañana. Insiste en que cada empleado se comprometa a fomentar el crecimiento y a cuidar de sus compañeros. Esto debería multiplicarse por dos, o por tres, en los tiempos difíciles que corren. El objetivo es el compromiso extremo de los empleados. El resultado final es hacer que la excelencia sea la norma en todos los asuntos relacionados con las personas. (El resultado final es también que ésta es la mejor manera de crecer y el mejor acicate para la rentabilidad).

- Hacer productos y servicios inspiradores —palabra elegida con mucho cuidado— que motiven a nuestros clientes y nos hagan sonreír y estar orgullosos de nuestros esfuerzos y, tal vez, incluso hacer el mundo un poco mejor. Esta es la base de lo que yo llamo **humanismo extremo**. Y este mandamiento es válido para todos los sectores y, sí, para todos los departamentos internos de la organización. (Para tu información: los productos y servicios que muestran un humanismo extremo y son inspiradores son también la mejor defensa contra el tsunami de la Inteligencia Artificial).

- «Pequeño > Grande» es mi mantra: una sucesión de pequeños pasos y experiencias memorables son más importantes que los intentos de «grandes innovaciones». Así pues, hay que dar esos pequeños pasos constantes hacia lo desconocido —jugar seriamente, como dice un gurú— hora tras hora, día tras día. Cada uno de nosotros, el 100 %, puede y debe ser un innovador.

- Aceptar la urgencia necesaria para hacer frente, en tu ámbito de influencia, a las consecuencias catastróficas del cambio climático. El tiempo de las medias tintas ha pasado. Las implicaciones del cambio climático no están a la vuelta de la esquina. Ya han llegado.

- Comportarse honorablemente en todo momento y ser un excelente y vigoroso miembro de la comunidad y líder moral. Ser capaz de describir a los miembros de tu familia tu trabajo y actividades de servicio con orgullo, e incluso con placer.

- Aspirar a la excelencia día tras día, no como una gran idea, sino como una forma de vida que se expresa, o no, incluso el próximo correo electrónico de 10 líneas que escribas.

Estas nociones se traducen en que tú, yo y nuestros compañeros hagamos un trabajo de valor, un trabajo que genere orgullo en cada una de las partes involucradas y, como se ha señalado anteriormente, este tipo de trabajo da resultados sorprendentes en términos de medidas empresariales estándar de crecimiento sostenido y rentabilidad de primer nivel.

En este libro se presentan 75 ideas con sus correspondientes «tareas». Si se ponen en práctica con determinación y brío y con un 100 % de participación, está garantizado que funcionarán, y se ha demostrado que funcionan una y otra vez, en circunstancias de todo tipo.

La hora del juicio final ha llegado

Estamos inmersos en el COVID-19 y en los disturbios sociales y políticos más importantes que se han producido en Estados Unidos desde mediados de la década de 1960, y algo similar en el resto del mundo, lo que solo puede considerarse como un caos único en la vida. Hemos visto, en el mundo empresarial y en otros sectores, a organizaciones y líderes reaccionar bien, con compasión y cuidado. Y hemos visto a otras organizaciones y a sus dirigentes aferrarse al dogma tradicional de la eficiencia y la maximización de los resultados y, en ocasiones, comportarse de forma insensible, incluso reprobable.

A pesar de la locura, la excelencia, tal y como se describe en este libro, es, en mi opinión, mucho más importante y urgente que nunca. La excelencia es una actividad integral y de 24/7/60/60. Es una necesidad. La excelencia no tiene una dimensión moral. La excelencia, tal y como se define aquí, es el juego completo y debe reflejarse en cada paso que demos (cada uno de nosotros). Los gestos humanos, atentos, solidarios e inclusivos hacia los miembros de nuestro equipo, nuestras comunidades y nuestros clientes deben convertirse en nuestro pan de cada día. No son «parte de nosotros». Son nosotros. Sí, maldita sea, debemos dejar de dar vueltas a cuestiones como la raza y el género, y hacer que abordar estas cuestiones sea una o incluso la pieza central de nuestra misión y estrategia organizativa y de nuestras evaluaciones de acción diarias. Y tal vez, solo tal vez, cuando haya pasado lo peor de las turbulencias actuales, podamos dar paso a una nueva era en la que las personas sean lo primero y el liderazgo compasivo e inclusivo, y la excelencia en todo lo que hacemos, se conviertan en la norma, en lugar de la forma de actuar de muy pocos.

Liderazgo Siete / COVID-19

Sé amable.
Sé cariñoso.
Sé paciente.
Perdona.
Está presente.
Sé positivo.

Ponte en el lugar de otras personas.
En pocas palabras: se trata de una oportunidad sin precedentes para introducir un cambio positivo y plantar las semillas de un mundo mejor. Reaccionar sin un compromiso a gran escala es, para mí, inconcebible. Por favor, actúa. No lo eches a perder.

La excelencia. Ahora.
Las personas primero. Ahora.
Humanismo extremo. Ahora.
Tu legado. Ahora. (O no.)

Lo que contienen estas páginas, creo, es una hoja de ruta razonablemente completa hacia un mundo de excelencia, humanismo extremo, las personas primero, el cuidado y el liderazgo empresarial compasivo e inclusivo. Seguir la hoja de ruta no hará desaparecer nuestros actuales problemas COVID-19, sociales y políticos. Sin embargo, puede conducir a la creación o al mantenimiento de una organización activamente comprometida con el crecimiento de todos sus miembros y el bienestar de las comunidades en las que opera. Esa es una contribución por la que todo líder puede trabajar cada día, y es una contribución para abordar, de alguna manera, los extraordinarios problemas a los que nos enfrentamos todos.

La consecución de estos objetivos sería maravillosa e inspiradora para los miembros de nuestro equipo, nuestros clientes, nuestras comunidades y para nosotros como individuos. Pero el éxito no será un camino de rosas.

El viaje comienza hoy. En pocas palabras: la forma en que tú como líder (el lector objetivo de este libro es un líder —en realidad, todos deberíamos y podemos ser líderes) te comportes —ahora mismo, en medio de la crisis— será probablemente el principal determinante de tu legado en la vida. Para bien o para mal.

Las personas primero / Compromiso extremo de los empleados.
(O no.)
Ahora.
(O nunca.)

Un liderazgo solidario, compasivo e inclusivo.
(O no.)
Ahora.
(O nunca.)

Compromiso extremo con la comunidad.
(O no.)
Ahora.
(O nunca.)

Sostenibilidad extrema.
(O no.)
Ahora.
(O nunca.)

Productos y servicios que inspiran, que hacen que el mundo sea un poco mejor y que nos enorgullecen.

(O no.)

Ahora.

(O nunca.)

Humanismo extremo en todo lo que hacemos

(O no.)

Ahora.

(O nunca.)

Excelencia en todo lo que hacemos.

(O no.)

Ahora.

(O nunca.)

«Virtudes de currículum» frente a «Virtudes del panegírico»

«He estado pensando en la diferencia entre las "virtudes del currículum" y las "virtudes del panegírico". Las virtudes del currículum son las que se enumeran en el mismo, las habilidades que se aportan al mercado laboral y que contribuyen al éxito externo. Las virtudes del panegírico son más profundas. Son las virtudes de las que se habla en tu funeral, las que existen en el núcleo de tu ser: si eres amable, valiente, honesto o fiel, qué tipo de relaciones formaste.»

—David Brooks, *The Road to Character*

A hombros de gigantes

No hace falta decir que me encanta que la gente hable bien de mi trabajo. Pero el hecho es que, para parafrasear un dicho, me subo a hombros de gigantes. Una presentación de 50 diapositivas en PowerPoint que utilizo para una conferencia incluirá una treintena de citas de un excelente elenco de personas interesantes.

Por eso, en este libro, dejo que los hombros de esos otros —como Herb Kelleher y Colleen Barrett, de Southwest Airlines, Margaret Thatcher, el inimitable Sir Richard Branson, la estrella empresarial y del Salón de la Fama de la Publicidad Linda Kaplan Thaler, e incluso Ben Franklin— lleven la mayor parte de la carga. Sus palabras, no las mías, serán casi siempre las primeras. Yo seré simplemente el organizador y el comentarista sucinto y tu persistente «Impulsador en jefe». Al fin y al cabo, ellos, esos gigantes, no yo, son las «personas reales» que se han comprometido con la excelencia y han creado empresas increíbles con un personal totalmente comprometido y extraordinariamente bien formado, que ofrece sistemáticamente productos y servicios memorables, emocionalmente atractivos y espiritualmente estimulantes a sus clientes (un trabalenguas, pero en gran medida una evaluación precisa). Así que préstales atención. Y aprende de ellos.

Un ruego

Según mis estándares, este es un libro bastante delgado: mi libro *Liberation Management* tenía 900 páginas. Y, como ya he dicho, el libro es en realidad una biblioteca de unas 300 citas, extraídas de las miles y miles que hay en mi biblioteca. Pues bien, la verdad es que podrías leer esas citas, probablemente asintiendo con la cabeza, en una hora, o dos o tres horas a lo sumo…

Pero aquí está mi gran petición, mi ruego. Podrías «pasar» por el conjunto de citas en un instante. Sin embargo, mi esperanza es que te lleve meses, o años, o la eternidad de tu carrera profesional para realmente (de verdad) incorporar esta cesta llena de observaciones o prescripciones. Me imagino (o al menos eso espero) que darás vueltas a estos bransonismos o kelleherismos, los revolverás en tu cabeza, luego volverás a darles vueltas, discutirás algunas de las observaciones más profundas con amigos y colegas. Es justo decir que prácticamente cada una de estas citas capta y detalla una forma de vida.

Por ejemplo, reflexionemos sobre esta cita de Richard Sheridan, director general de la exitosa empresa de software Menlo Innovations: «*Puede sonar radical, poco convencional y rozar la locura como idea empresarial. Sin embargo, por ridículo que parezca, la alegría es la base de nuestro lugar de trabajo. La alegría es la razón de ser de mi empresa. Es la única creencia compartida por todo nuestro equipo*».

Esa sí que es una idea «fuera de la caja». Sí señores: «la alegría es la razón de ser de mi empresa». Y lo dice en serio y lo vive, y los resultados lo demuestran. Aunque sea extremo, ¿podrías imaginarte este fenómeno en tu mundo? Una respuesta precipitada sería un insulto para el señor Sheridan, y para mí.

Te daré nada menos que una garantía. Estas palabras, como he dicho, salieron de la boca, la pluma o el teclado de personas increíblemente reflexivas. Estas citas son sus resúmenes, o conclusiones, de vidas bien vividas, contribuciones que han hecho del mundo algo mejor en todos los ámbitos imaginables.

Así que en lugar de mirar y asentir y pasar al siguiente tema, reflexiona y reflexiona, y reflexiona un poco más. «¿Podría aplicarse eso en mi mundo?»

Sí:
¡Reflexiona!
¡Reflexiona!
¡Reflexiona!
Y actúa, solo o en conjunto con tus compañeros, sobre las cosas que tienen sentido.

¡Por favor! ¡Maldita sea!

Mira, me importa este tema. Me importa lo suficiente como para haber viajado a 63 países y haber recorrido más de 5.000.000 de kilómetros y solo Dios sabe cuántos «ojos rojos» tratando de contar esta historia. Para rogar a mi público que se tome en serio a gente como Richard Sheridan (véase más arriba). Realmente me importa «todo esto» y, maldita sea, sé que funciona.

Tengo 78 años. Este es mi último suspiro, mi último gran esfuerzo para llegar a los líderes y a los no líderes de las empresas y de otras organizaciones.

Por favor.
Por favor.
(¡Maldita sea!)

Índice
de contenidos

¿Cómo usar este libro?

No hay capítulos. En su lugar, hay 15 temas y 75 tareas. El índice de contenidos mostrará el número/título del tema en negrita y las tareas estarán numeradas debajo.

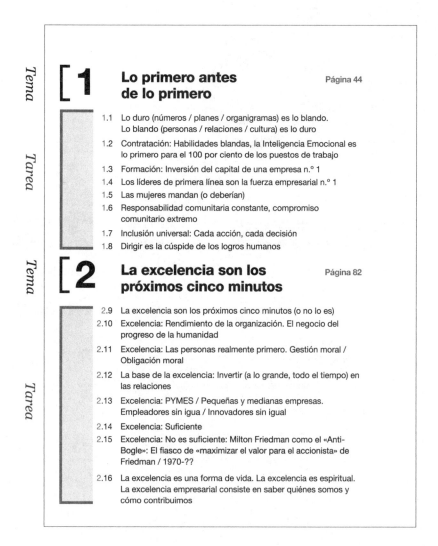

A lo largo de este libro, hay tareas específicas, que se pueden poner en práctica, resaltadas por un recuadro gris.

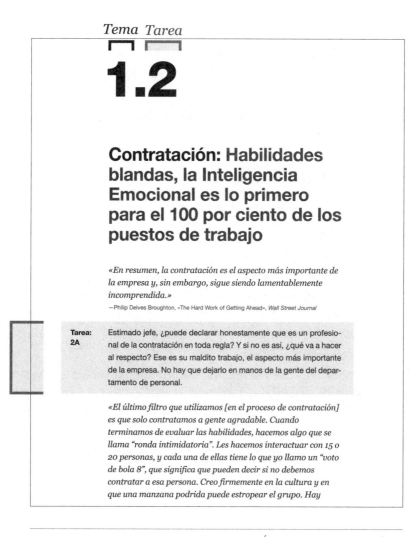

Tema *Tarea*

1.2

Contratación: Habilidades blandas, la Inteligencia Emocional es lo primero para el 100 por ciento de los puestos de trabajo

«En resumen, la contratación es el aspecto más importante de la empresa y, sin embargo, sigue siendo lamentablemente incomprendida.»
—Philip Delves Broughton, «The Hard Work of Getting Ahead», *Wall Street Journal*

Tarea: 2A Estimado jefe, ¿puede declarar honestamente que es un profesional de la contratación en toda regla? Y si no es así, ¿qué va a hacer al respecto? Ese es su maldito trabajo, el aspecto más importante de la empresa. No hay que dejarlo en manos de la gente del departamento de personal.

«El último filtro que utilizamos [en el proceso de contratación] es que solo contratamos a gente agradable. Cuando terminamos de evaluar las habilidades, hacemos algo que se llama "ronda intimidatoria". Les hacemos interactuar con 15 o 20 personas, y cada una de ellas tiene lo que yo llamo un "voto de bola 8", que significa que pueden decir si no debemos contratar a esa persona. Creo firmemente en la cultura y en que una manzana podrida puede estropear el grupo. Hay

Tarea

3 «La estrategia es una *commodity.* La ejecución es un arte.»

4 Las personas *son* lo primero «El negocio tiene que dar a la gente vidas enriquecedoras y gratificantes... o simplemente no vale la pena hacerlo.»

13 Quien más cosas intente (y más rápido fracase) gana. Juego serio. La esencia de la innovación. Fracasa. Sigue. Rápido. La diversidad supera a la habilidad. Aprende a no tener cuidado.

14 Liderar con compasión y preocupación, veintiuna tácticas probadas

14.57 Regla n.º 1 para liderar y hacer las cosas: Dedica el 80 por ciento (!!!) de tu tiempo a la contratación y a cultivar aliados y perseguir pequeñas victorias

14.58 GTD / *Getting Things Done*. Herramienta de poder n.º 1: «adular a los de abajo para tener éxito»

14.59 Líderes = Tiempo de espectáculo. El verdadero mejor *showman*

14.60 Amar el liderazgo (o no)

14.61 Liderar: Tiempo no programado (mucho). La aspiración del cincuenta por ciento. Es imprescindible, no hay opción

14.62 Liderar / Leer (Y leer, leer…)

14.63 Habilidad del líder n.º 1. Valor central n.º 1. Escucha «agresiva» / Escucha «feroz»

14.64 La trampa de la velocidad / D-E-S-A-C-E-L-E-R-A

14.65 Con frecuencia (y estúpidamente) menospreciado… El poder tranquilo. Contrata tranquilidad. Promueve tranquilidad. Las personas ruidosas no son las más creativas Los ruidosos no son los mejores vendedores. Las personas ruidosas no son los mejores líderes

14.66 ¡Lo positivo gana a lo negativo 30:1! Reconocimiento = La herramienta de liderazgo más poderosa

14.67 Gracias: La «regla de los 30 mil»

14.68 La disculpa funciona: La mágica «llamada de tres minutos». La disculpa rinde

14.69 Autoconocimiento: Diferenciador del líder n.º 1. La calidad de tu autopercepción apesta

14.70 Liderar / 14 = 14. Catorce personas = catorce estrategias de comunicación radicalmente diferentes

14.71 Una cultura de la amabilidad

14.72 Gracia

14.73 Líder como «director de cultura»

14.74 Liderar con excelencia: Veintiuna tácticas probadas

15 Resumen ejecutivo

1

Lo primero antes de lo primero

Lo duro (números / planes / organigramas) es lo blando.

Lo blando (personas / relaciones / cultura) es lo duro

«Los términos "hechos duros" y "lo blando" utilizados en los negocios implican que los datos son de alguna manera reales y fuertes mientras que las emociones son débiles y menos importantes.»

—George Kohlrieser, *Hostage at the Table: How Leaders Can Overcome Conflict, Influence Others, and Raise Performance*

Mi vida en diez palabras: Lo duro es lo suave. Lo blando es lo duro.

Lo duro (números / planes / organigramas) es lo blando: Los planes suelen ser fantasías; los organigramas tienen poco que ver con el funcionamiento real de la organización; y los números se manipulan fácilmente. Un ejemplo: los «quants» y los empleados de las agencias de calificación empaquetaron y evaluaron hábilmente los «derivados» de hipotecas sin valor, estimulando así el multimillonario colapso financiero de 2007-2008 y más allá.

Lo blando (personas/relaciones/cultura) es lo duro: las mejores actitudes con las personas (atención, formación, reconocimiento) crean las organizaciones más sanas y orientadas a la comunidad, y ganan también en el mercado. Unas prácticas de personal eficaces, un diseño que inspira, unos clientes cautivados y unos proveedores que hacen todo lo posible por ayudarnos son subproductos de una cultura de apoyo alimentada día a día.

Ese era el corazón de *En busca de la excelencia*. Ese es el corazón de mi trabajo actual. Ese ha sido el corazón de cada uno de mis libros. «Lo duro es lo blando / lo blando es lo duro» ha sido asumido por algunos, pero me temo que no es la norma. Y mientras escribo, estamos inmersos en el COVID-19 y en un profundo malestar social y político. El comportamiento humano y reflexivo es, de hecho, más importante que nunca. ¡Mucho más importante!

Tarea 1A   Lo duro es blando, lo blando es duro. El momento ha llegado. El momento es ahora. Primero lo primero, comenzando en tu próximo cara a cara, o trabajando desde casa en una reunión de Zoom.

Las grandes y suaves sorpresas de Google

«El Proyecto Oxígeno sorprendió a todo el mundo al concluir que, entre las ocho cualidades más importantes de los mejores empleados de Google, los conocimientos STEM ocupan el último lugar. Las siete características más importantes para el éxito en Google son todas habilidades blandas: ser un buen entrenador; comunicar y escuchar bien; poseer una visión de los demás (incluyendo los diferentes valores y puntos de vista de los demás); tener empatía hacia los compañeros y apoyarlos; ser un buen pensador crítico y resolver problemas; y ser capaz de hacer conexiones entre ideas complejas. Estos rasgos se parecen

*más a los que se obtienen como estudiante de inglés o de
teatro que como programador.*

*El Proyecto Aristóteles... apoya aún más la importancia de las
habilidades blandas incluso en entornos de alta tecnología. El
Proyecto Aristóteles analiza los datos sobre equipos creativos
y productivos. Google se enorgullece de sus equipos A,
formados por los mejores científicos, cada uno con los
conocimientos más especializados y capaces de lanzar una
idea vanguardista tras otra. Sin embargo, su análisis de datos
reveló que las ideas más importantes y productivas de la
empresa proceden de los equipos B, formados por empleados
que no siempre tienen que ser los más inteligentes de la sala.
El Proyecto Aristóteles muestra que los mejores equipos de
Google exhiben una serie de habilidades blandas: igualdad,
generosidad, curiosidad hacia las ideas de sus compañeros de
equipo, empatía e inteligencia emocional. Y encabezando la
lista: seguridad emocional. Nada de acoso.»*

—Valerie Strauss, «The Surprising Thing Google Learned About Its Employees—and What It
Means for Today's Students», *Washington Post*

Las «habilidades blandas» son tan importantes en la súper alta tecnología de Google / Silicon Valley como lo son para el personal de
mesa de un restaurante de Annapolis, Maryland. Se trata de una
revelación explosiva, que, en retrospectiva, no me sorprendió en
absoluto. También debería ser una llamada de atención para todos
los líderes.

Tarea 1B Yo, un veterano que ha visto de todo, tuve que dar dos o tres bo-
canadas de aire al ver el informe de Google. Tal vez hasta solté un
grito ahogado. Espero que te ocurra, y luego leas lentamente tres o
cuatro veces, y compartas ampliamente y discutas intensamente
(deberías ser capaz de trazar tus propias tareas a raíz de esto.
¿Puede el mensaje ser más claro?, y una vez más, por Dios, es información que proviene de ¡Google!).

Lo suave es lo duro: *Compassionomics*

La compasión salva vidas

La compasión aumenta los beneficios

«*A menudo se nos hace creer que sentimientos como la compasión y la amabilidad son expresiones de debilidad y no signos de fortaleza. Y a menudo estamos demasiado dispuestos a ceder a la falsa creencia de que la mezquindad equivale de algún modo a la dureza y que la empatía está vacía de poder. Pero las pruebas de este libro sugieren lo contrario.*»

—Del prólogo del senador Cory Booker al libro *Compassionomics*

Compassionomics: The Revolutionary Scientific Evidence That Caring Makes a Difference es un libro escrito por dos investigadores del campo de la salud. Es un libro sobre salud. Pero no lo es. Es un libro de liderazgo, el mejor que he leído en años. Es un libro de negocios, sobre los comportamientos que proporcionan muchos mejores resultados, independientemente del contexto en el que se produzcan dichos comportamientos. Y puede que *Compassionomics* ofrezca la mejor ilustración de «Lo duro es lo blando. Lo blando es lo duro» que haya encontrado.

El coautor principal, Stephen Trzeciak, es médico e investigador. No es solo un investigador. Es un investigador cuantitativo, estricto y que no cede. Y su libro escrito con el Dr. Mazzarelli está repleto de informes sobre investigaciones cuantitativas meticulosamente examinadas. Pero el tema es la compasión. Y la evidencia abrumadora es que la compasión es rentable en los entornos sanitarios. No solo salva innumerables vidas (acelera la curación, reduce los efectos secundarios, mejora la agudeza mental, etc.), que son los resultados más importantes, sino que también conduce rutinariamente a resultados financieros mucho mejores para los proveedores de atención sanitaria.

De la introducción: «*Puede que le sorprenda saber que Darwin no originó la frase "la supervivencia del más apto", por la que se le conoce. En realidad, fue Herbert Spencer, un destacado biólogo y antropólogo británico, quien acuñó la frase tras leer las opiniones de Darwin sobre la evolución. Con el tiempo, esta frase se malinterpretó y se convirtió en la creencia generalizada de que las opiniones de Darwin justificaban un comportamiento agresivo y de gladiador.*

Lo que Darwin concluyó en realidad fue diferente y aún más notable. Según Darwin, las comunidades con mayor compasión por los demás "florecerían mejor y criarían el mayor número de descendientes". En resumen, el conjunto de pruebas científicas apoya que la compasión realmente protege a la especie.»

Página tras página, capítulo tras capítulo, los doctores Trzeciak y Mazzarelli proporcionan pruebas convincentes e irrefutables del poder de la compasión. Digo a mis lectores, de forma inequívoca, que la investigación presentada en *Compassionomics* —que, repito, es el mejor libro sobre liderazgo que he encontrado en años— se aplica uno por uno (o si quieres 1001 por 1001) a cualquier empresa u otro entorno organizativo imaginable.

Lee el libro.
Comparte el libro con otros.
Actúa según las conclusiones irrefutables del libro.
La compasión mejora la vida.
La compasión salva vidas.
La compasión rinde.
Lo duro es lo blando. Lo blando es lo duro.

De hecho, no «leas» este libro, estúdialo. Adáptalo a la realidad de tu mundo. Con tus pares crea una lista de tareas (ten en cuenta que para ejecutar seriamente tu versión de las *compassionomics* necesitarás un profundo cambio de cultura organizacional).

El flanco blando

«Creo que el mundo de los negocios se encuentra en una encrucijada, en la que la gente dura está dominando el relato y la discusión. La batalla por el dinero y la atención que se produce dentro de la mayoría de las empresas y entre la mayoría de los gerentes es aquella que se encuentra entre los flancos duros y los blandos.

Demasiadas empresas invierten muy poco tiempo y dinero en la excelencia en su flanco blando. Las tres razones principales para caer en este este error son:

- *El flanco duro es más fácil de cuantificar.*

- *El éxito de la inversión en el flanco duro proporciona un retorno de la inversión más rápido.*

- *Los directores generales, los directores financieros, los directores de operaciones, los consejos de administración y los accionistas hablan el lenguaje de las finanzas.*

Permíteme ahora exponer los argumentos para invertir tiempo y dinero en el flanco blando de tu empresa:

- *La fuerza de los flancos blandos conduce a un mayor reconocimiento de la marca y a mayores márgenes de beneficio; es el billete de salida de Commodityville.*

- *Las empresas fuertes en el flanco blando están mejor preparadas para sobrevivir a un gran error estratégico o a una profunda disrupción.*

- *La fuerza de los flancos duros es absolutamente necesaria para competir, pero proporciona una ventaja efímera.»*

—Rich Karlgaard, *The Soft Edge: Where Great Companies Find Lasting Success*

El libro *The Soft Edge* tiene capítulos cuyos títulos apoyan este mensaje: «Confianza. Equipos. Gusto. Inteligencia. Relato.»

Declaración de transparencia: Me gusta más la definición de «blando» de Rich Karlgaard que la mía. Y estoy encantado de que haya dedicado un libro entero a este tema, tal vez el primero de su clase.

«Cosas blandas»: Desaparecidos en acción

«Cuando estaba en la facultad de medicina, pasé cientos de horas mirando el microscopio, una habilidad que nunca necesité conocer ni utilizar. Sin embargo, no tuve ni una sola clase que me enseñara habilidades de comunicación o de trabajo en equipo, algo que necesito cada día que entro en el hospital.»

—Peter Pronovost, *Safe Patients, Smart Hospitals*

Pronovost, que dirigió la UCI del hospital Johns Hopkins, introdujo las listas de comprobación (*Check Lists*) en la asistencia sanitaria y ha sido responsable de salvar decenas de miles de vidas. Las escuelas profesionales en general —por ejemplo, las de medicina, ingeniería y negocios— tienen un historial lamentable cuando se trata de prestar atención a las «cosas blandas». Para mí, subsanar ese déficit de proporciones épicas es un objetivo vital, si no el principal.

«Mientras estaba sentado escuchando una presentación tras otra en la que se destacaban las actividades notables y poco ortodoxas [las personas primero, el dogma, el estilo de liderazgo, la cultura comunitaria, etc.] que han hecho que esta organización sea tan saludable, me incliné y le hice una pregunta retórica al director general: "¿Por qué sus competidores no hacen nada de esto?" Después de unos segundos, susurró, casi con tristeza: "Sabes, creo sinceramente que piensan que es algo que no está a su altura".»

—Patrick Lencioni, *The Advantage*

Tarea 1D: «Piensan que es algo que no está a su altura». Mis décadas de observación me hacen pensar que esto es cierto. ¿Dónde te encuentras tú respecto a este tema? No apures tu respuesta. Reflexiona acerca de tu última reunión, la última semana, la última charla significativa con alguien del equipo. ¿Refleja claramente la atención a las «cosas blandas»? No puedo sino rogarte que pongas las cosas blandas al frente de tu agenda, permanentemente. Y más allá del sector en el que estés, tu negocio es el de las cosas blandas.

Lo duro es lo blando, lo blando es lo duro. Ahora es el momento (eso espero)

Mis últimos 43 años los he pasado «religiosamente» (casi la palabra correcta) presionando por / gritando por / rogando por «Lo duro es lo blando. Lo blando es lo duro». Desgraciadamente, he tenido menos éxito del que esperaba, y por mucho. Pero existe la posibilidad, acelerada por el caos que nos rodea, de que haya llegado el momento en que esas diez palabras ocupen su lugar en la cabecera. (¿Incluso en los programas de MBA?)

Algunos líderes se han comportado admirablemente ante la locura que ha supuesto el COVID-19 y el explosivo malestar social. Otros no lo han hecho.

Los recuerdos son largos. Y creo que los que se han comportado bien, los que han puesto a las personas realmente en primer lugar, pueden finalmente pasar al centro del escenario y dejar de lado a los profesionales de recortar gastos, adoptadores de tecnología sin sentido y desalmados «maximizadores del valor para el accionista». La frase «la nueva normalidad» ha sido horriblemente sobreutilizada, pero tal vez, solo tal vez, este es el momento de *Lo duro es lo blando. Lo blando es lo duro.* Los líderes que se implican en las empresas, desde las más pequeñas hasta las más grandes, y sobre todo teniendo en cuenta las consecuencias de la pandemia y nuestra mayor conciencia de la asombrosa desigualdad social, se convertirán en nuestros principales y célebres modelos de conducta.

Lo duro es lo blando / Lo blando es lo duro / Últimas palabras

«El primer paso es medir lo que se puede medir fácilmente. Esto está bien hasta donde llega.

El segundo paso consiste en no tener en cuenta lo que no se puede medir, o darle un valor cuantitativo arbitrario. Esto es artificial y engañoso.

El tercer paso es suponer que lo que no se puede medir no es muy importante. Esto es ceguera.

El cuarto paso es decir que lo que no se puede medir no existe realmente. Esto es un suicidio.»

—Daniel Yankelovich, sobre las limitaciones de los modelos analíticos

---

1.2

Contratación: Habilidades blandas, la Inteligencia Emocional es lo primero para el 100 por ciento de los puestos de trabajo

«En resumen, la contratación es el aspecto más importante de la empresa y, sin embargo, sigue siendo lamentablemente incomprendida.»

—Philip Delves Broughton, «The Hard Work of Getting Ahead», *Wall Street Journal*

Tarea:
2A

Estimado jefe, ¿puede declarar honestamente que es un profesional de la contratación en toda regla? Y si no es así, ¿qué va a hacer al respecto? Ese es su maldito trabajo, el aspecto más importante de la empresa. No hay que dejarlo en manos de la gente del departamento de personal.

«El último filtro que utilizamos [en el proceso de contratación] es que solo contratamos a gente agradable. Cuando terminamos de evaluar las habilidades, hacemos algo que se llama "ronda intimidatoria". Les hacemos interactuar con 15 o 20 personas, y cada una de ellas tiene lo que yo llamo un "voto de bola 8", que significa que pueden decir si no debemos contratar a esa persona. Creo firmemente en la cultura y en que una manzana podrida puede estropear el grupo.

Hay suficientes personas con mucho talento que son agradables; no es necesario aguantar a personas que se comportan como imbéciles.»

—Peter Miller, CEO, Optinose

Tarea 2B:	Lee, vuelve a leer, comparte. No se espera escuchar eso en el sector farmacéutico. Presta especial atención a «Hay suficientes personas con mucho talento que son agradables».
Tarea 2C:	Contrata gente agradable. Para el 100 % de los puestos. Si no, ¿por qué no?

«Cuando hablamos de las cualidades que queremos en las personas, la empatía es una de las principales. Si puedes empatizar con la gente, entonces puedes hacer un buen trabajo. Si no tienes capacidad de empatía, entonces es difícil ayudar a la gente a mejorar. Todo se vuelve más difícil. Una de las formas en que se manifiesta la empatía es la cortesía. No se trata solo de tener un barniz de cortesía, sino que realmente se trata de anticipar las necesidades de otra persona y satisfacerlas por adelantado.»

—Stewart Butterfield, cofundador y CEO de Slack

«Buscamos personas que sean cariñosas y atentas y realmente altruistas. Buscamos personas que tengan una actitud divertida.»

—Colleen Barrett, expresidente, Southwest Airlines

«No puedo decir cuántas veces hemos dejado de lado a los supuestamente mejores por chicos que pensábamos que eran mejores personas y hemos visto cómo nuestros chicos lo hacían mucho mejor que los grandes nombres, no solo en el aula, sino sobre el terreno, y, naturalmente, también después de que se graduasen. Una y otra vez, las grandes figuras se

desvanecieron, y nuestras pequeñas promesas se abrieron camino hasta los equipos de conferencias y el All-American.»

—Bo Schembechler, legendario entrenador de fútbol americano sobre el carácter, *Bo's Lasting Lessons. The Legendary Coach Teaches the Timeless Fundamentals of Leadership*

Contratar según el EQ: 1,7 por ciento frente a 50-77 por ciento

«Lo que creía que implicaba la enfermería cuando empecé: química, biología, física, farmacología y anatomía. Y lo que ahora sé que es la verdad de la enfermería: filosofía, psicología, arte, ética y política.»

—Christie Watson, *The Language of Kindness: A Nurse's Story*

«También nos basamos en nuestras experiencias en el programa IMPaCT de la Universidad de Pensilvania, donde hemos desarrollado un enfoque innovador para la contratación de trabajadores sanitarios de la comunidad, un segmento de la fuerza de trabajo sanitaria en rápido crecimiento. Nuestro enfoque ha dado lugar a una tasa de rotación del 1,7 %, en comparación con el estándar del sector, que es del 50 al 77 % anual. Y, efectivamente, las personas que hemos contratado consiguen resultados: múltiples ensayos controlados aleatorios demostraron que nuestros trabajadores han ayudado a mejorar la salud y la calidad, al tiempo que han reducido los días de hospitalización en un 65 %.

¿Qué ayuda a la gente a estar y mantenerse sana? Preguntamos a miles de pacientes de alto riesgo e hicimos una lista de los obstáculos a los que se enfrentaban. Se hizo una lluvia de ideas sobre posibles soluciones y luego se enumeraron los atributos que necesitaría un trabajador. Atributos como la pertenencia a la comunidad o el altruismo se elevaron a lo más alto de nuestra lista, y también eran importantes los atributos que, sorprendentemente, faltaban en nuestra lista: títulos

universitarios y de postgrado, o incluso formación clínica previa. Currículos, diplomas y los certificados de formación son credenciales comúnmente evaluadas por las organizaciones sanitarias para valorar a los candidatos. Alumbran poco acerca de los rasgos de personalidad o actitudes.»

—Elena Butler y Shreya Kangovi, «Health Care Providers Are Hiring the Wrong People», *Harvard Business Review*

Tarea 2D

No creo que se requiera mucha más explicación más que recordar que estamos hablando de una rotación del 1,7 % en comparación con el 50-77 %. Una reducción del 656 % de la hospitalización. Por favor, reflexiona. Luego pasa a la acción. *Ahora.*

Contratación:
¡Lenguaje sencillo, por favor!

Agradable.

Empático.

Cortés.

Sabe escuchar.

Cálido.

Cuidadoso.

Altruista.

Sonriente.

Agradecido.

Miembro de la comunidad.

Orientado al servicio.

«Buena persona».

Nada de cabrones.

Tarea 2 E:

¿Son esos atributos —en la estricta definición que utilizamos aquí, y no en una variante forzada y burocrática— requerimientos formales para contratar en cada posición de tu organización? Si no, ¿por qué no?

Contratación «blanda» revisada: Amar la poco apreciada licenciatura en Humanidades

Al graduarse, los licenciados en Empresariales y profesionales en general (MBA, ingenieros, abogados, etc.) tienen mayores índices de entrevistas y contrataciones, y mayores salarios iniciales, que los recién licenciados en Humanidades.

En el año 20, los graduados en Humanidades han ascendido más que sus compañeros con título profesional. En una gran empresa de tecnología, el 43 % de los licenciados en Humanidades han llegado a la alta dirección, frente al 32 % de los licenciados en Ingeniería. En una gran empresa de servicios financieros, el 60 % de los peores directivos, según las evaluaciones de la empresa, tenían un MBA, mientras que el 60 % de los mejores solo tenían una licenciatura.

—Extraído de la investigación de Michael Useem, recogida en *A Hard Look at the Soft Practice of Managing and Management Development* de Henry Mintzberg

Entre ellas, una muestra:

- *The Fuzzy and the Techie: Why the Liberal Arts Will Rule the Digital World*, por Scott Hartley
- *You Can Do Anything: The Surprising Power of a "Useless" Liberal Arts Education*, por George Anders
- *Sensemaking. The power of humanities in the age of the algorithm. (El poder de las humanidades en la era del algoritmo)*, de Christian Madsbjerg
- *Amplitud: Por qué los generalistas triunfan en un mundo especializado,* por David Epstein

Tarea: 2F Cualquiera que sea el tipo de empresa, busca profesionales licenciados en Humanidades para tus puestos de trabajo. Más másteres en Historia, Teatro y Filosofía.

1.3

Formación: Inversión del capital de una empresa n.º 1

«Formación, FORMACIÓN,
y M-Á-S F-O-R-M-A-C-I-Ó-N

—Almirante Chester Nimitz, Comandante en Jefe del Pacífico, comunicación al Jefe de Operaciones Navales Ernest King en 1943. La Marina de los Estados Unidos estaba lamentablemente mal preparada en el momento de Pearl Harbor. ¿La solución? Formación. El entrenamiento era más importante que el equipamiento, según Nimitz. (Nota: las mayúsculas, la puntuación y la cursiva son de Nimitz, no mías).

Si no cree que la formación y el entrenamiento es de suma importancia, pregúntele a un general del ejército, a un almirante de la marina, a un general del ejército del aire, a un entrenador de fútbol, a un entrenador de tiro con arco, a un jefe de bomberos, a un jefe de policía, a un director de teatro, a un piloto, al jefe de urgencias o de la UCI, al jefe de operaciones de una central nuclear o a un gran restaurador. La formación es un gasto de capital, nada menos que la inversión empresarial más importante.

Me sigue sorprendiendo que, en el mundo de la empresa, que es el que nos ocupa a la mayoría, la formación, el crecimiento y el desarrollo regulares «al estilo de los bomberos» sean escasos. Hay un curso aquí y allá, una reunión de vez en cuando, pero no es una preocupación profesional constante.

Que quede claro: esto es válido para una empresa de una o seis personas en la que cada una es, por definición, central, así como para empresas más grandes.

«Esencialmente, siempre fui más un entrenador de práctica que de juego. Esto se debe a mi convicción de que un jugador que practica bien, juega bien».

—John Wooden, *They Call Me Coach*

«Todo el mundo tiene ganas de ganar. Lo que es mucho más importante es tener la voluntad de prepararse para ganar".

—Bobby Knight, *Knight, My Story*

«Dadme seis horas para talar un árbol y me pasaré las cuatro primeras afilando el hacha».

—Abraham Lincoln

He dado un millón de discursos, más o menos sobre el mismo tema. Sin embargo, preparar mi próximo discurso de 45 minutos me llevará unas 30 horas. *Preparar es lo que hago para ganarme la vida; el resto, en realidad, son detalles.*

Las preguntas sobre formación:
Si no, ¿por qué no?

¿Es tu Director de Formación o de Personal el puesto de nivel C mejor pagado, aparte del de Director General / Director de Operaciones? Si no es así, ¿por qué no? Por supuesto, sé que probablemente ni siquiera tengas un Director de Formación, ¿verdad? Es vergonzante. Y qué estupidez.

¿Tus mejores formadores reciben el mismo salario y el mismo trato que tus mejores vendedores o ingenieros? Si no es así, *¿por qué no?*

¿Tus cursos de formación son tan buenos-asombrosos-excelentes que te hacen vibrar? Si no es así, *¿por qué no?*

Si te cruzas con un empleado al azar en el pasillo, ¿puedes describir con detalle su plan de formación y desarrollo para los próximos 12 meses? Si no, *¿por qué no?*

Mis cuatro grandes apuestas desalentadoras:

Apuesta n.º 1: Más de 5 de cada 10 CEOs ven la formación como un gasto en lugar de una inversión.

Apuesta n.º 2: Más de 5 de cada 10 CEOs ven la formación como una defensa más que como un ataque.

Apuesta n.º 3: Más de 5 de cada 10 CEOs ven la formación como un mal necesario en lugar de una oportunidad estratégica.

Apuesta n.º 4: Más de 8 de cada 10 CEOs, en una descripción general de 45 minutos sobre su negocio, ni siquiera mencionarán la formación.

La altísima probabilidad de que gane esas cuatro apuestas es una muestra de la gran estupidez de nuestros líderes.

Tarea: 3A	Lo he dicho claramente: La formación es la principal inversión, ahora más que nunca, que buscamos diferenciarnos de la inteligencia artificial. Por favor, reflexiona sobre el tema. ¿Estás de acuerdo? Y si no, *¿por qué no?*
Tarea 3B	Revisa en detalle tu inversión en formación. Evalúa la calidad de cada uno de tus cursos de entrenamiento o formación. Evalúa la calidad de los formadores. Evalúa el nivel de formación de cada uno de los empleados. Esta es una cuestión estratégica, la tarea no debe ser realizada precipitadamente (puede que necesites ayuda externa).

La formación: Una cultura de formación y aprendizaje

La formación a la escala que sugiero es mucho más que una actividad programática. Reconozco que lo diré repetidamente, pero la formación como prioridad de inversión de capital es una forma de ser, un atributo cultural de primer orden. El tercer tema, «Las personas primero», describe un entorno dedicado de lleno al compromiso y el crecimiento extremos de los empleados. Y en la cima de la lista de potenciadores del crecimiento extremo de los empleados se encuentra… «formación, FORMACIÓN y M-Á-S F-O-R-M-A-C-I-Ó-N».

Tarea: 3C   ¿Describirías la formación como una de las características de tu organización? ¿Estás de acuerdo en que debería serlo? Por favor, piénsalo y discútelo ampliamente (sé duro contigo mismo si es necesario).

La formación: La última palabra

«Forma a la gente lo suficientemente bien para que pueda irse, trátala lo suficientemente bien para que no quiera hacerlo.»
—Richard Branson, en un tuit

Formación: La última arenga

P: ¿Cuál es la diferencia en las necesidades de formación entre mi concesionario local de Subaru, un restaurante cercano de 25 mesas, la empresa de reparación de electrodomésticos de nueve personas que nos ayuda, la Sinfónica de San Francisco y los 49ers de San Francisco?

R: No hay ninguna diferencia.

¿Entendido?

Los líderes de primera línea son la fuerza empresarial n.º 1

«En los grandes ejércitos, el trabajo de los generales es respaldar a sus sargentos.»
—Coronel Tom Wilhelm, en *«El hombre que sería Khan»* de Robert Kaplan, Atlantic.

HECHO: Si el comandante del regimiento perdiera a la mayoría de sus subtenientes y primeros tenientes y capitanes y mayores, sería una tragedia. Si perdiera a sus sargentos, sería una catástrofe.

HECHO: El Ejército y la Armada son plenamente conscientes de que el éxito en el campo de batalla depende en un grado abrumador de sus sargentos y suboficiales, es decir, de sus gestores de primera línea.

¿Tiene la industria la misma conciencia que los militares? Mi respuesta: ¡No!

¿Creen las empresas que es importante conseguir la persona adecuada para ocupar un puesto de jefe de primera línea? Sí, claro.

Pero, ¿ven a los líderes de primera línea como la fuerza empresarial n.º 1?
¡No!

No «entender esto» es un error estratégico de primer orden. Véase más abajo.

Líderes de primera línea

Los líderes de primera línea son los...

- Principales determinantes de la productividad de las empresas
- Principales determinantes de la retención de los empleados
- Principales determinantes de la calidad de los productos y servicios
- Principales portadores y ejemplos de la cultura empresarial
- Principales portadores de lanzas visibles para la excelencia
- Principales promotores y facilitadores del desarrollo sostenido de los empleados
- Principales impulsores de la excelencia interfuncional
- Integrantes de la principal fuerza de la empresa

Una lista imponente, ¿eh? Y ni un ápice de exageración. Simplemente te pido que reflexiones sobre la última: La principal fuerza de la empresa. Es una cuestión obvia si estás convencido de la veracidad de la lista anterior. Los jefes de primera línea son los principales determinantes de casi todo lo que es importante. Por lo tanto, automáticamente, son la principal fuerza de la empresa.

Siete preguntas clave sobre los líderes de primera línea

1. ¿Comprendes absolutamente y actúas de acuerdo con el hecho de que el líder de primera línea es la función de liderazgo clave en la organización?
2. ¿Los profesionales de personal (y la alta dirección en general) eligen a los jefes de primera línea, individual y colectivamente, para que reciban una atención especial de desarrollo?

3. ¿Dedicas montones y montones de tiempo a la selección de supervisores de primera línea?

4. ¿Estás dispuesto, a pesar del fastidio, a dejar una vacante de supervisor de primera línea abierta hasta que pueda ocuparla alguien espectacular?

5. ¿Dispones de los mejores programas de formación y desarrollo continuo del sector para los supervisores de primera línea?

6. ¿Asesoras formalmente y de forma rigurosa y continua a los supervisores de primera línea?

7. ¿Se presta a los supervisores de primera línea la atención, el reconocimiento y el respeto que su posición merece?

Tarea 4A	Analiza cuidadosamente las siete cuestiones anteriores. ¿En qué punto estás respecto a cada una de ellas?

Tarea 4B	Relee esta sección con mucha atención antes de cubrir la vacante de un líder de primera línea.

Líderes de primera línea: El resultado final

En todo el mundo, prácticamente sin excepción, entre el 50 y el 75 por ciento de los empleados «no están comprometidos» con su trabajo. Una causa encabeza la lista del porqué: los malos jefes. Comienza —inmediatamente— una evaluación profunda de tus jefes de primera línea. Ningún movimiento estratégico podría ser más importante que mejorar la calidad de toda tu plantilla de jefes de primera línea.

Tarea 4C	Considera lanzar un programa de «excelencia para líderes de primera fila». Haz que sea una prioridad estratégica. ¡Ahora!

1.5

Las mujeres mandan (o deberían)

«Si quieres que se diga algo, pídeselo a un hombre; si quieres que se haga algo, pídeselo a una mujer.»
—Margaret Thatcher, Discurso en la Conferencia de la Unión Nacional de Ciudadanas

Un montón de pruebas demuestra que las mujeres son las mejores líderes

«La investigación [de McKinsey & Company] sugiere que, para tener éxito, las empresas deberían empezar por promocionar a las mujeres.»
—Nicholas Kristof, «Twitter, Women and Power», *New York Times*

«McKinsey & Company descubrió que las empresas internacionales con más mujeres en sus consejos de administración superaron con creces a la media de las empresas en cuanto a rendimiento de los fondos propios y otras medidas. El beneficio operativo fue un 56 por ciento mayor.»
—Nicholas Kristof, «Twitter, Women and Power», *New York Times*

«Como líderes, las mujeres ganan: Nuevos estudios revelan que las mujeres directivas superan a sus homólogos masculinos en casi todos los aspectos.»
—*Bloomberg BusinessWeek*, titular de la sección especial

«Las mujeres obtienen una puntuación más alta en 12 de las 16 competencias que forman parte de un liderazgo sobresaliente. Y dos de los rasgos en los que las mujeres superaron a los hombres en mayor medida —tomar la iniciativa y conseguir resultados— se han considerado durante mucho tiempo como puntos fuertes especialmente masculinos.»

—Jack Zenger y Joseph Folkman, «Are Women Better Leaders than Men?» *Harvard Business Review*

A lo largo de esta sección verás que repito sin parar: «Las mujeres son (mejores líderes, etc.)». Evidentemente, me refiero a «en promedio». Hay grandes líderes masculinos y pésimas líderes femeninas. Pero «por término medio» —y a menudo en un grado significativo— las mujeres son mejores en esto o aquello.

«Según mi experiencia, las mujeres son mucho mejores ejecutivas que los hombres.»

—Kip Tindell, director general de Container Store, *Uncontainable: How Passion, Commitment, and Conscious Capitalism Built a Business Where Everyone Thrives*

Con esta pequeña tanda de citas, no estoy sugiriendo que esto sea «caso cerrado» (aunque más o menos creo que lo es) ni que arrojemos a todos los líderes masculinos al cubo de la basura.

Estoy sugiriendo, en términos inequívocos, que si un equipo de liderazgo no tiene una proporción significativa de mujeres —ciertamente no menos del 40 %— su organización está cometiendo un error de planteamiento estratégico de primer orden.

Por desgracia, hay un largo camino por recorrer

«Hay menos grandes empresas dirigidas por mujeres que por hombres llamados John.»

—Justin Wolfers, «Fewer Women Run Big Companies Than Men Named John», *New York Times*

En un estudio sobre *feedback* de 360 grados realizado en 2482 gerentes, Lawrence A. Pfaff & Associates descubrió que:

«El estudio, realizado durante cinco años, muestra diferencias significativas en los niveles de liderazgo practicados por directivos masculinos y femeninos. En el estudio participaron 2482 directivos (1727 hombres y 755 mujeres) de 459 organizaciones. Incluyó a directivos de todos los niveles.

Los empleados calificaron mejor a las mujeres directivas que a los hombres directivos en diecisiete de las veinte áreas de competencias evaluadas, quince de ellas a un nivel estadísticamente significativo. Hombres y mujeres empataron en las otras tres áreas. Los jefes valoraron mejor a las mujeres directivas que a los hombres en dieciséis de las veinte áreas de habilidades, las dieciséis a un nivel estadísticamente significativo...

"Nuestros dos primeros estudios desafiaron la creencia convencional de que las mujeres solo son mejores en las llamadas habilidades blandas, como la comunicación, el empoderamiento de las personas y la positividad", dijo Pfaff. "Este nuevo estudio, que utiliza datos de un periodo de cinco años, indica una vez más que la idea convencional es errónea"...

"La importancia estadística de estos datos es dramática", dijo Pfaff. A lo largo de un periodo de cinco años, mientras se recopilaban datos de más de 2400 personas, en promedio,

los hombres no fueron calificados significativamente mejor por cualquiera de los calificadores en ninguno de los ámbitos medidos».

Tarea 5A

Este tema me ha interesado mucho desde 1996 cuando la presidenta de mi empresa de formación, Heather Shea, me abrió los ojos en una reunión que organizó con mujeres de altos cargos de grandes empresas, de *start-ups* o de temas educativos. La investigación mencionada anteriormente no es sino la punta de la punta del iceberg. La evidencia acumulada respecto a la eficiencia del liderazgo femenino merece el término de «abrumadora». Por ello mi tarea aquí es decir que si no tienes al menos una plantilla equilibrada de líderes en cuanto a su sexo, estás cometiendo sin ningún margen de duda un error estratégico considerable.

Y, por cierto, mi argumento se refiere únicamente a un tema de eficacia organizativa, y no de «justicia social». Aunque creo que la justicia social es de suma importancia y he tratado de vivir mi vida personal y profesional en consecuencia, no es el tema principal que está aquí analizándose bajo el microscopio.

Los puntos fuertes de las mujeres en la negociación

- *Capacidad de ponerse en el lugar de su contraparte*
- *Estilo de comunicación amplio, atento y detallado*
- *Empatía que facilita la creación de confianza*
- *Escuchadoras curiosas y activas*
- *Actitud menos competitiva*
- *Gran sentido de la equidad y capacidad de persuasión*
- *Gestoras proactivas de riesgos*
- *Toma de decisiones en colaboración*

—Horacio Falcão, «Say It Like a Woman: Why the 21st-Century Negotiator Will Need the Female Touch», *World Business*

Las mujeres son dueñas de empresas estelares

«El crecimiento y el éxito de las empresas propiedad de mujeres es uno de los cambios más profundos que se están produciendo en el mundo empresarial hoy en día.»

—Margaret Heffernan, *How She Does It: How Women Entrepreneurs Are Changing the Rules of Business Success*

Los datos más relevantes de Heffernan:

- Empresas estadounidenses propiedad de mujeres o controladas por ellas: 10,4 millones (el 40 % de todas las empresas).
- El número de empleados estadounidenses de las empresas propiedad de mujeres supera el número total de empleados del índice de referencia Fortune 500.
- Tasa de crecimiento de las empresas propiedad de mujeres frente a todas las empresas: el doble.
- Tasa de puestos de trabajo creados por empresas propiedad de mujeres frente a todas las empresas: el doble.
- Probabilidad de que las empresas propiedad de mujeres permanezcan en el negocio frente a todas las empresas: superior a 1,0.
- Tasa de crecimiento de las empresas propiedad de mujeres con ingresos de más de 1.000.000 de dólares y más de 100 empleados frente a todas las empresas: dos veces mayor.

Las habilidades de las mujeres en la inversión, extraído de *Warren Buffett Invests Like a Girl: And Why You Should, Too*

- Compran y venden menos que los hombres
- Muestran menos exceso de confianza: es más probable que sepan lo que no saben

- Huyen del riesgo más que los inversores masculinos
- Son menos optimistas, más realistas, que sus homólogos masculinos
- Dedican más tiempo y esfuerzo a la investigación de las posibles inversiones: consideran detalles y puntos de vista alternativos
- Son más inmunes a la presión de los compañeros: tienden a tomar las mismas decisiones independientemente de quién les observe
- Aprenden de sus errores

—LouAnn Lofton, *Warren Buffett Invests Like a Girl: And Why You Should, Too*

«*Cuando las mujeres se involucran en las finanzas, les va mejor que a los hombres, porque los hombres se centran en un rendimiento a corto plazo, mientras que las mujeres tienen una visión a más largo plazo.*»

—Kathy Murphy, presidenta de Fidelity Investments, gestora de 1,7 billones de dólares en activos, citada en *TheStreet*

Los puntos fuertes de las mujeres coinciden con las necesidades de la nueva economía

Las mujeres: «*...vinculan en lugar de clasificar [a los trabajadores]; favorecen los estilos de liderazgo interactivo-colaborativo [el empoderamiento supera la toma de decisiones de arriba hacia abajo]; se sienten cómodas compartiendo información; ven la redistribución del poder como una victoria, no como una rendición; aceptan fácilmente la ambigüedad; honran la intuición, así como la racionalidad; son inherentemente flexibles; aprecian la diversidad cultural*».

—Judy B. Rosener, resumido por Hilarie Owen, *Creating Leaders in the Classroom*

Es probable que la valoración positiva de las capacidades de liderazgo de las mujeres en general sea mucho más pronunciada dados los cambios emergentes en la estructura organizativa y la estructura de la red. En entornos ambiguos, donde la jerarquía tradicional y rígida ya no es omnipresente, las fortalezas relativas demostradas por las mujeres son más importantes que nunca.

Tarea: 5B

- Las mujeres son mejores líderes
- Las mujeres son mejores negociadoras
- Las mujeres son mejores propietarias de empresas
- Las mujeres son mejores inversoras
- Las mujeres están más adaptadas a las necesidades de la nueva economía

Considéralo cuidadosamente, actúa acorde y comienza inmediatamente.

Liderazgo / Mujeres / COVID-19

Se ha informado y comentado ampliamente que las naciones que mejor han respondido a la epidemia de COVID-19 están todas dirigidas por mujeres. Aunque el tamaño de la muestra es pequeño, me encuentro entre los que piensan que este resultado no carece de importancia. (Incluso he sugerido en Twitter que ningún hombre debería ser director general de un hospital. Aunque no literalmente, lo dije muy en serio).

Aunque hay hombres muy empáticos y mujeres con déficit de empatía, en general las mujeres tienen una disposición a mostrar más empatía y otros rasgos «blandos» (que en realidad son «duros»).

Por lo tanto, en relación con el COVID-19 y las cuestiones de desigualdad racial, mi argumento a favor de un mayor número de mujeres, al menos con un equilibrio 50-50 entre hombres y mujeres en los puestos de liderazgo de alto nivel, se ve significativamente reforzado.

1.6

Responsabilidad comunitaria constante, compromiso comunitario extremo

«Comunidad» es una palabra maravillosa. La definición del diccionario que más me gusta es la de «cuidarse mutuamente entre varios». Así pues, comunidad es, en efecto, una palabra que evoca ante todo «cuidado».

Piensa en la comunidad y tu perspectiva empresarial irá mucho más allá de la hoja de cálculo. Haz un trabajo superior, claro, pero un trabajo superior que emane de una empresa cooperativa dedicada al florecimiento de cada miembro. Además, las organizaciones son comunidades incrustadas en las comunidades que ellas y sus empleados ocupan y en las comunidades de sus clientes y proveedores. En todas sus manifestaciones, la responsabilidad, el cuidado y la preocupación deben ser señas de identidad.

Todo esto se multiplica por diez —o por cien— cuando nos enfrentamos al COVID-19 y a nuestro deshilachado tejido social y político. En pocas palabras, los líderes destacados de hoy serán aquellos que den prioridad a la creación de comunidades internas y externas solidarias en su agenda diaria y estratégica.

Curiosamente, el mejor de los mejores lo ha entendido desde hace tiempo. En su magnífico libro, *Small Giants: Companies That Choose to Be Great Instead of Big*, Bo Burlingham ofrece cuatro pilares del éxito de estas pequeñas grandes empresas, el primero de los cuales es:

«Cada empresa tenía una relación extraordinariamente íntima con la ciudad local, el pueblo o el condado en el que hacía negocios, una relación que iba mucho más allá del concepto habitual de "devolver a la comunidad"».

La mayor parte de nosotros pasamos nuestras vidas trabajando en empresas, con empleados que van de uno a cientos de miles. Como se ha dicho, todas esas empresas están integradas en comunidades. Por lo tanto, si se piensa con claridad, las empresas no forman parte de la comunidad. Las empresas son la comunidad. Y como tales, y por definición, tienen enormes responsabilidades directas e indirectas con la comunidad, desde las decisiones sobre la preservación del medio ambiente y la atención sanitaria hasta el apoyo a los profesores y al sistema escolar, y así sucesivamente. Y esa responsabilidad, por decirlo de nuevo, nunca ha sido tan evidente como en el momento en que escribo.

Lo que estoy exigiendo es un compromiso empresarial a tiempo completo y muy visible con el Compromiso Extremo con la Comunidad. Si no hay Compromiso Extremo con la Comunidad, no hay excelencia. Y punto.

Implicaciones: ¿cómo pueden la estrategia empresarial y las actividades operativas diarias de la empresa contribuir directamente al desarrollo de la comunidad? Considera lo siguiente:

· Declaración formal del equipo ejecutivo de la empresa sobre el compromiso extremo con la comunidad.

- Un consejo consultivo formado por personas de fuera y de dentro, encargado de dar visibilidad al compromiso comunitario de la empresa y la supervisión indirecta de las actividades internas de compromiso con la comunidad.

- Ninguna decisión de importancia —que implique a empleados, instalaciones, productos, clientes atendidos, proveedores utilizados, comunidades afectadas— sin un análisis formal del impacto en la comunidad. La idea es la ubicuidad: el desarrollo de la comunidad/la asociación con la comunidad como parte explícita de cada decisión, tanto pequeña como grande, a medida que se contempla y se toma.

- El compromiso extremo con la comunidad se añade al 100 % de las evaluaciones de rendimiento de los líderes.

Tarea 6

No hay excelencia empresarial sin excelencia comunitaria. Piénsalo intensamente. ¿Aceptas mi hipótesis básica? Si no, ¿por qué no? Y si la aceptas, ¿qué pasos concretos estás haciendo para incrementar lo antes posible tu compromiso con la comunidad?

1.7

Inclusión universal: Cada acción, cada decisión

«Aprecio tu post sobre Black Lives Matter. Ahora estaría bien ver una foto de tu equipo de alta dirección y tu junta directiva.»

—Brickson Diamond, director general de la consultora de diversidad Big Answers

«Me avergüenza decir que no tengo ni un solo empleado negro con nivel de director o superior.»

—Anne Wojcicki, directora general de 23andMe, en un comunicado de la empresa

Russell3000: 4,1 por ciento de directores negros en 2019 (población negra 13,4 por ciento); 3,6 por ciento de directores negros en 2008.

De una declaración a toda página en el *New York Times* de Omar Johnson, director general de ØPUS United:

«Querida América corporativa blanca...

Lo entiendo. Sé que tienes las mejores intenciones... pero el hecho de que solo lo preguntes ahora es parte del problema... Quieres hacer lo correcto. Pero no sabes cómo...

Para empezar… escucha a tus empleados negros. Llevan años dando la voz de alarma. Pero no te detengas ahí. Analiza los fríos y duros datos. Averigua dónde hay personas negras en tu empresa y, lo que es más importante, dónde no las hay. Cuenta las pocas caras negras que hay en las reuniones. Fíjate en las voces negras apagadas en conversaciones en las que se toman decisiones. Si lo haces, verás el problema con claridad…

¿Qué puedo hacer?

Dentro de las paredes de tu empresa, tienes que contratar a más personas negras. Y punto.

En un lado de la ecuación, eso significa solucionar el reto de la «canalización», de una vez por todas. Así que redobla tus esfuerzos para reclutar, atraer, desarrollar y elevar el talento negro. Financia las instituciones educativas que defienden a los niños negros y su futuro.

En el otro lado de la ecuación, eso significa ayudar a los talentos negros a ascender en la escala, dar poder y la autoridad a los líderes negros. Retener y promocionar es tan importante como reclutar y contratar.

Analiza dónde te encuentras como organización. Establece objetivos para llegar a donde quieres estar. Establece incentivos para alcanzar esos objetivos. Mídelos sin piedad y sin descanso».

Tarea 7A	Lee ya este libro: *Caste: The Origins of Our Discontent*, de Isabel Wilkerson.

Actúa. Ahora

La injusticia / inclusión no es estratégica.
La injusticia / inclusión es táctica, se refleja en cada incorporación, cada promoción y cada decisión de evaluación.

La injusticia / inclusividad no tiene que ver con el mañana.
La injusticia / inclusividad no se trata de hoy.
La injusticia / inclusión se trata de ahora, de mirar alrededor de la mesa virtual o real en tu próxima reunión, que comienza dentro de 15 minutos.

La injusticia / inclusión no tiene que ver con el liderazgo.
La injusticia / inclusividad consiste en el aprendizaje: leer y observar y hablar y descubrir, individual y colectivamente, lo que no se aprecia u observa o conoce, y avanzar en la curva de aprendizaje paso a paso.

Tarea 7B	Tienes dos ojos, ábrelos. Piensa en la inclusión. Mira a tu alrededor. Lo que ves, ¿pasaría una evaluación de inclusividad? ¿No sabes la respuesta? Lanza tu curso de inclusión hoy mismo.

1.8

Dirigir es la cúspide de los logros humanos

Dirigir, a menudo, es un dolor de cabeza. Alguien tiene que hacerlo: saco de boxeo para los de alto nivel por un lado, empleados irritables por otro; imán de la culpa si las cosas van mal, los grandes jefes se llevan el mérito si las cosas van bien.

O

Dirigir como podría / debería ser. El pináculo de los logros humanos / la mayor oportunidad de la vida que uno puede tener; el éxito a medio y largo plazo, ni más ni menos que el resultado de la dedicación y la eficacia de uno para ayudar a los miembros del equipo a crecer y florecer como individuos, y como miembros que contribuyen a una organización enérgica y autorrenovable dedicada a la búsqueda incesante de la excelencia.

«La cúspide de los logros humanos» puede sonar grandilocuente, incluso absurdo. Sin embargo, para mí es una creencia férrea. Ayudar a los demás a crecer: ¿qué puede ser más importante, especialmente en estos tiempos de incertidumbre? Y, como es habitual en estas páginas, resulta ser la forma más segura de producir crecimiento y rentabilidad.

Lo primero antes de lo primero

Asimila y actúa enérgicamente sobre este concepto de «primero antes de lo primero» y yo me quedaré a un lado, alegre, y tú habrás dado muchos pasos por el camino de la excelencia:

- Lo duro (números / planes / organigramas) es lo blando. Lo blando (personas / relaciones / cultura) es lo duro.
- Contratar: Habilidades blandas, primero el coeficiente emocional para el 100 % de los puestos de trabajo.
- Formación: Inversión prioritaria de la empresa.
- Los líderes de primera línea son la principal fuerza de la empresa.
- Las mujeres mandan (o deberían).
- Responsabilidad comunitaria permanente, compromiso comunitario extremo.
- Inclusión universal: Cada acción, cada decisión.
- Dirigir es la cúspide de los logros humanos.

La excelencia son los próximos cinco minutos (o no lo es)

2.9

La excelencia son los próximos cinco minutos (o no lo es)

«No recordamos los días, sino los momentos.»
—Cesare Pavese, poeta

La excelencia no es una «aspiración». La excelencia no es una «colina a escalar». La excelencia son los próximos cinco minutos. (O no es nada en absoluto).

La excelencia es tu próxima conversación de cinco minutos en el «pasillo» real o virtual.
O no lo es.

La excelencia es tu próximo correo electrónico o mensaje de texto. (¡Esto es taaaan cierto! Dame una muestra de los últimos 10 correos electrónicos de un líder y te daré una evaluación precisa de su carácter y eficacia).
O no lo es.

La excelencia son los tres primeros minutos de tu próxima reunión.
O no lo es.

La excelencia consiste en callar y escuchar, en escuchar de verdad o de forma «agresiva».
O no lo es.

La excelencia es el envío de flores al hospital donde la madre de tu mejor cliente está siendo operada de gravedad.
O no lo es.

La excelencia es decir «gracias» por algo «trivial».
O no lo es.

La excelencia es poner todo el esfuerzo posible lo más rápido que se pueda para responder a una «pequeña» metedura de pata.
O no lo es.

La excelencia son las flores que se llevan al trabajo en un desalentador día de lluvia.
O no lo es.

La excelencia es aprender los nombres y el año escolar de los 14 hijos de los miembros de tu equipo.
O no lo es.

La excelencia es molestarse en aprender la forma de pensar de la gente de Finanzas (o de Almacén, o de Compras).
O no lo es.

La excelencia es preparar exageradamente una presentación de tres minutos.
O no lo es.

¿Qué es la excelencia? Puede que 100 personas tengan 100 ideas diferentes. Es justo. Pero este es mi libro, y quiero abogar por lo que para mí es la definición y el enfoque más significativos de la excelencia. En *En busca de la excelencia*, definimos la excelencia en términos de rendimiento a largo plazo. Pero eso plantea una / *la* pregunta. ¿Cómo se consigue esa supereficacia a largo plazo? Y yo insisto firme y apasionadamente —y de forma dogmática— en que el núcleo, la base de esos resultados destacados a largo plazo, es sin duda la conversación real o virtual / por teléfono de cinco minutos en la sala que tuviste justo después de que la reunión terminara hace una hora; y el correo electrónico de siete líneas para el que estás a punto de pulsar el botón «enviar».

El resultado final:

¿Acaso esa conversación pasajera de cinco minutos «apestaba a reflexión»?

¿Tú, líder, pasaste el 80 por ciento de tu última «conversación» escuchando? (Si es así... ¿estás realmente seguro de que es el 80 %?)

¿Esa escucha se tradujo en un 100 % de atención («escucha activa», según la autora Susan Scott, citada más adelante)?

¿El tono fue positivo (las investigaciones demuestran que los actos positivos son... 30 veces más poderosos que los actos o comentarios de tono negativo)?

Y agrega:

¿Fue o no fue esa breve conversación apresurada, distraída y emocionalmente vacía? ¿O fue la ejemplificación de la excelencia que genera empleados comprometidos que apuntan a la luna en sus esfuerzos, que, a su vez, crea el rendimiento superior a largo plazo (innovación, calidad sin igual, diseño impresionante, compromiso con la comunidad, resultados, etc.)?

Lo mismo con, sí (¡maldita sea!), un correo electrónico de siete líneas:

Sin errores ortográficos, ¿cómo sino enseñar la Excelencia en la Ejecución?

¿Empieza con un saludo: «Hola, Kai», «Hola, Ana», que transmite personalización y civismo, ¿o es brusco hasta lo inhumano?

¿Incluyen las solicitudes, por ejemplo, «Gracias por adelantado»? ¿Son las palabras y el tono coherentes con nuestra cultura corporativa?

«Exagerado», dices.
Piénsalo de nuevo, digo yo:

¿Excelencia?
(¿O no lo es?)

Pues bien, este es mi libro y, por lo tanto, te ruego que te unas a mí en la cruzada por la excelencia en todas nuestras actividades del momento. Ah, y el concepto de «Excelencia son los próximos cinco minutos» es, según mis pruebas anecdóticas, un verdadero motivador. Para mí lo es, aunque no estoy sugiriendo que yo lo cumpla el 100 % de las veces.

Tarea 9A	Tómate tu tiempo. No te apresures con esto. ¿Qué significa exactamente la excelencia para ti? (Por favor, utiliza ejemplos prácticos). ¿Qué significa la excelencia para tus pares? Por favor, intenta llegar a un acuerdo al respecto con ellos).
Tarea 9B	Y si te agrada mi acto de cinco minutos, practica la respiración profunda (no soy un meditador, así que no estoy intentando dar un punto de vista determinado en esto). Al decir respiración profunda, me refiero a tomarse una pausa para considerar la situación. Enfócate en escuchar activamente en la reunión que estás por comenzar. No interrumpas. Nunca.

Reacciona positivamente ante cualquier esfuerzo para presionar los límites, aunque sea un poco.

Asegúrate de que tus reacciones positivas son más numerosas que las negativas al menos en una proporción de 5 a 1.

Tómate una pausa antes de darle al botón de Enviar y analiza la calidad de tu *e-mail*. (Nuestros correos reflejan quienes somos. ¿Te gusta lo que ves?)

SI estás cara a cara haz contacto visual religiosamente.
Y...
Y...
(¿Es excelente? ¿O no lo es?)

2.10

Excelencia: Rendimiento de la organización

El negocio del progreso de la humanidad

«Los negocios existen para mejorar el bienestar humano.»

—Mihaly Csikszentmihalyi, *Good Business: Leadership, Flow, and the Making of Meaning* (el autor es más conocido por su libro *Flow: The Psychology of Optimal Experience*)

«Los negocios se concibieron para producir felicidad, no para acumular millones.»

—B.C. Forbes, primer número de *Forbes,* septiembre de 1917

«Mejorar el bienestar humano» suena a idea extravagante y de una abstracción máxima. Pero dados los cambios que se precipitan hacia nosotros, las empresas tienen nada menos que la obligación de aspirar a estar a la altura del reto de Mihaly Csikszentmihalyi.

Hagamos una pausa. Creo que las ideas aquí expuestas no son otra cosa que ideas de supervivencia actuales. NO SON OPCIONALES. Pero debo añadir: Lo que te sugiero en estas páginas es una forma satisfactoria de vivir, una forma de la que puedes estar orgulloso, una contribución a tu comunidad. Sí, los dólares que se ingresan deben ser mayores que los dólares que se gastan. Pero la vida es mucho más que producir y luego rellenar la siguiente hoja de cálculo. Supongamos que tengo una tienda de comestibles. Es un negocio difícil, en general, y especialmente con Covid-19 y ese camión (¿dron?) de Amazon rondando por ahí. Pero mi verdadera alegría viene de mis empleados de primera línea que gracias a mi apoyo pasaron a tener carreras sólidas. Mi verdadera emoción es estar a varios metros de la caja y escuchar 45 segundos de bromas amistosas entre un empleado de caja comprometido y alegre, y un cliente cuyo día se alegra un poco con esas bromas. De eso se trata, ¿no? (Y más: Ver más abajo en Humanismo extremo. Esa charla entre el dependiente y el cliente es similar a un pequeño espejo montado en una máquina de resonancia magnética que permite el contacto visual con la enfermera y, por tanto, altera radicalmente, para mejor, la experiencia del paciente. Multiplicado cien o mil veces, es un diferenciador estratégico de primera división que estimula el éxito empresarial. Y hace que te sientas bien con lo que estás haciendo durante tu corto tiempo en la Tierra).

Excelencia empresarial:
Personas (líderes) que sirven Personas (el equipo de primera línea) al servicio de las personas (clientes / comunidades)

EXCELENCIA organizativa = Personas (líderes / directivos) al servicio de las personas (los miembros de nuestro equipo) al servicio de las personas (nuestros clientes y comunidades).

—Inspirado en el libro *Servant Leadership* de Robert Greenleaf

La excelencia empresarial se basa en dos cosas: Personas y Servicio. Excelencia = Servicio. Servicio a los compañeros de equipo, servicio a los clientes y proveedores, servicio a nuestras comunidades. En cierto sentido, servicio a la humanidad, siguiendo de alguna manera lo que expresó Csikszentmihalyi.

«Los negocios existen para mejorar el bienestar humano». Esta maldita oración gira y gira en mi cabeza. Realmente, realmente lo creo. ¿Y tú? ¿Tus compañeros? ¿Qué significa esto en términos de las actividades de hoy? ¿He o hemos contribuido positivamente al bienestar humano hoy? Soy plenamente consciente de que tu día ha consistido en hacer una maldita cosa tras otra. Ese es el problema y la oportunidad. ¿Está encendido el medidor de bienestar humano? ¿Estás reflexionando sobre esta gran aspiración, que solo se puede exhibir, o no, en la próxima pequeña acción de tu equipo?

2.11

Excelencia: Las personas *realmente* primero

Gestión moral / Obligación moral

«Casi la mitad de los puestos de trabajo de Estados Unidos corren un alto riesgo de informatización en los próximos 20 años, según los académicos de Oxford Carl Benedikt Frey y Michael A. Osborne.»

—Harriet Taylor, *How Robots Will Kill the 'Gig Economy'*, CNBC

«La raíz de nuestro problema no es que estemos en una Gran Recesión o en un Gran Estancamiento, sino que estamos en los primeros estertores de una Gran Reestructuración. Nuestras tecnologías van a toda velocidad, pero nuestras habilidades y organizaciones se están quedando atrás.»

—Erik Brynjolfsson y Andrew McAfee, *Race AGAINST the Machine*

Traducción para pasar a la acción...

Tu principal obligación moral como líder es desarrollar el conjunto de habilidades de cada una de las personas a tu cargo —tanto temporales como semipermanentes— al máximo de sus capacidades y en consonancia con sus necesidades «revolucionarias» de los próximos años. (Bonus: ¡Esta es también la principal estrategia de crecimiento y maximización de beneficios a medio y largo plazo!)

Esta es mi sugerencia (¡obligatoria!) al líder contemporáneo «hazlo o muere» en la era de la Inteligencia Artificial desbocada, etc.

Excelencia / Gestión Moral / No

Las encuestas de todo el mundo son asombrosamente consistentes: Entre el 75 % y el 85 % de las personas (trabajadoras) están descontentas o desconectadas de su trabajo. (Por ejemplo, véase el informe de Gallup de 2016 *The Worldwide Employee Engagement Crisis*). Seguro, hay una creciente presión tecnológica o se sufre el impacto de, por ejemplo, un producto que falla estrepitosamente (por ejemplo, el 737 MAX de Boeing). Pero estos factores no tienen por qué, ni deberían, impedir que un directivo cree un entorno de apoyo, humano y orientado al crecimiento personal.

Creando un ambiente de trabajo positivo y atractivo, independientemente de las circunstancias y especialmente en las malas circunstancias, es como los gerentes se ganan su sueldo.

De hecho, la principal tarea de un gran líder es precisamente crear y mantener un entorno animado, eficaz y solidario cuando el mundo que le rodea está en llamas (como lo está, en efecto, mientras escribo). No se trata de impulsar despiadadamente los objetivos financieros a corto plazo en medio de una tormenta de mierda, sino de mostrar verdadera camaradería, compasión y atención cuando las cosas están en su peor momento. (Para tu información: tal y como yo lo veo, un 75 por ciento de trabajadores desvinculados en un equipo es un «delito de liderazgo»).

Tarea 11

Esto es personal para mí. ¿Estáis tú y tus compañeros líderes dispuestos a suscribir que: «Tu principal obligación moral como líder es desarrollar las habilidades de cada una de las personas a tu cargo... en la máxima medida de tus capacidades...»?

Para tu información: La respuesta a esa pregunta determina si he perdido mi tiempo, o no, durante los últimos 40 años. Pista: No estoy bromeando.

2.12

La base de la excelencia: Invertir (a lo grande, todo el tiempo) en las relaciones

«La capacidad de desarrollar relaciones estrechas y duraderas es una seña de un líder. Por desgracia, muchos líderes de grandes empresas creen que su trabajo consiste en crear la estrategia, la estructura de la organización y los procesos organizativos. Entonces se limitan a delegar el trabajo que hay que hacer, manteniéndose al margen de las personas que hacen el trabajo.»

—Bill George, exdirector general de Medtronic, autor de *Authentic Leadership*

«Los mandos aliados dependen de la confianza mutua y esta confianza se gana, sobre todo, con el desarrollo de las amistades.»

—General Dwight D. Eisenhower, de la revista *Armchair General*, que presenta los secretos de liderazgo de los oficiales más renombrados. («Tal vez la habilidad más destacada [de Eisenhower] [en West Point] fuera la facilidad con la que hizo amigos y se ganó la confianza de compañeros cadetes que procedían de entornos muy variados; fue una cualidad que le reportaría grandes beneficios durante su futuro mando en la coalición»). El éxito de Eisenhower en la Segunda Guerra Mundial se caracterizó por su extraordinaria capacidad para mantener a los (¡muy!) díscolos aliados más o menos en la misma línea.

«Las relaciones personales son la tierra fértil en la que crece todo avance, todo éxito, todo logro en la vida real.»

—Ben Stein, gurú de la inversión

Las mejores relaciones ganan («son el suelo fértil del que crecen *todos* los avances, *todos* los éxitos, *todos* los logros en la vida real»). Pero como sugiere Bill George, muchos (¿la mayoría?) de los líderes «no lo captan». Sin duda estarían de acuerdo en que las relaciones son importantes. Pero les faltaría la necesaria pasión / obsesión por invertir en las relaciones, construirlas y mantenerlas.

Sí:
Pasión.
Obsesión.
Inversión.

No hay ningún atajo.
Las relaciones EXCELENTES llevan tiempo.
Montones y montones de tiempo.
Y eso es más cierto que nunca en este momento.

Tarea 12A	¿Cuál es, con precisión, tu estrategia de inversión en relaciones? ¿Para hoy? ¿Para la semana? ¿Para el mes? El desarrollo de las relaciones personifica la idea de que «lo suave es lo difícil». Por lo tanto, sugiero (EXIJO - supongo que no puedo dar una orden, pero ojalá pudiera) un plan formal para tu inversión continua en relaciones. Y te sugiero que «exijas» ese plan a cada líder (y, de hecho, también a los no líderes) en la organización.
Tarea 12B	Una EXCELENCIA demostrada de forma clara y medible en el desarrollo de relaciones debe ser la principal prueba para la promoción en cualquier puesto de liderazgo. (Por ejemplo, comprueba la calidad de la red de relaciones del candidato dentro y fuera de su unidad).

2.13

Excelencia: Pymes / Pequeñas y medianas empresas

Empleadores sin igual / innovadores sin igual

«A menudo me preguntan los aspirantes a emprendedores que buscan escapar de la vida dentro de enormes estructuras corporativas: "¿Cómo puedo construir una pequeña empresa para mí?" La respuesta parece obvia: comprar una muy grande y esperar.»
—Paul Ormerod, *Why Most Things Fail*

«El Sr. Foster y sus colegas de McKinsey recopilaron datos detallados de rendimiento que se remontan a 40 años atrás para 1.000 empresas estadounidenses. Descubrieron que ninguna de las supervivientes a largo plazo de este grupo consiguió superar al mercado. Peor aún, cuanto más tiempo llevaban las empresas en la base de datos, peor les iba.»
—Simon London, "Long-term survival of the not so fit," *Financial Times*

El hecho es que los gigantes obtienen malos resultados a largo plazo. En la investigación de Foster: cero de 1.000 batieron al mercado en un periodo de cuatro décadas. ¿La salvadora del empleo y la economía estadounidense (y la de todo el mundo)? Las pymes

«Las investigaciones demuestran que las nuevas y pequeñas empresas crean casi todos los nuevos puestos de trabajo del sector privado y son desproporcionadamente innovadoras.»
—Gervais Williams, gestor de fondos superestrella, «Si lo pequeño es el futuro, todos seremos grandes ganadores», *Financial Times*

La pandilla de «gurús» del *management* —¡incluido yo!— actúan como si el mundo de los negocios consistiera en las empresas que están en el Fortune 500 y o en el FTSE 100. Pero el hecho es que la mayor parte de la gente, más del 80 por ciento, trabaja en pequeñas y medianas empresas (pymes) que no son reconocidas. Las pymes somos nosotros.

No hay nada que me entusiasme más que la excelencia descarada en un ámbito que otros tachan de aburrido en un rincón extraño del mundo. Por ejemplo, en la calle principal de la minúscula ciudad de Motueka, en Nueva Zelanda (cerca de mi casa de campo en Nueva Zelanda), se encuentra una puerta anodina que conduce a la oficina de operaciones y a la fábrica de la empresa familiar W.A. Coppins, que, según la mayoría de los informes, es el líder mundial indiscutible en el diseño y la construcción de anclas marinas y productos relacionados. Entre los exigentes clientes de Coppins se encuentran la Marina de Estados Unidos y el Gobierno de Noruega. (Pequeñas empresas mundiales como Coppins me hacen reír [literalmente] de placer).

Para tu información: Las empresas familiares de Estados Unidos (según *Family Businesses Contribution to the U.S. Economy: A Closer Look* de la Universidad Estatal de Kennesaw):

64 % DEL PIB.
62 % de empleo total.
78 % de creación de nuevos empleos

«... criaturas ágiles que se escabullen entre las piernas de los monstruos multinacionales.»

—«Germany's Growth: New Rules, Old Companies», *Bloomberg BusinessWeek* sobre la eficacia de las superestrellas alemanas de tamaño medio, las empresas Mittelstand. Las empresas medianas alemanas, que dominan los nichos, son el motor indiscutible del inigualable éxito exportador del país.

Atributos de la excelencia de las pymes, cortesía de Bo Burlingham, Small Giants: *Companies That Chose to Be Great Instead of Big*:

«1. Cultivaron relaciones excepcionalmente íntimas con clientes y proveedores, basadas en el contacto personal, la interacción de tú a tú y el compromiso mutuo de cumplir las promesas...

2. Cada empresa mantenía una relación extraordinariamente íntima con la ciudad, el pueblo o el condado en el que desarrollaba su actividad, una relación que iba mucho más allá del concepto habitual de "Devolver a la comunidad"...

3. Las empresas tenían lo que me pareció un lugar de trabajo inusualmente íntimo...

4. Me di cuenta de la pasión que los dirigentes ponían en lo que hacía la empresa. Les encantaba el tema, ya fuera la música, la iluminación de seguridad, la comida, los efectos especiales, las bisagras de par constante, la cerveza, el almacenamiento de discos, la construcción, la restauración o la moda.»

Obsérvese que los factores de éxito son todos los llamados atributos «blandos».

Superestrellas de las pymes / Lecturas inspiradoras

Small Giants: Companies That Chose to Be Great Instead of Big, de Bo Burlingham

Simply Brilliant: How Great Organizations Do Ordinary Things in Extraordinary Ways, de William Taylor

The Healing Organization: Awakening the Conscience of Business to Help Save the World, de Raj Sisodia and Michael Gelb

The Passion Economy: The New Rules for Thriving in the Twenty-First Century, de Adam Davidson

Retail Superstars: Inside the 25 Best Independent Stores in America, de George Whalin

Tarea 13	Si aprender es tu objetivo, y supongo que lo es o no estarías leyendo esto, busca en forma impresa y en la «vida real» pequeñas y mágicas empresas, estúdialas y aprende de ellas. Es particularmente importante ir más allá de tu sector de negocios o conocimiento. Por ejemplo, un restaurador que aprende de la UCI de un hospital, o viceversa, y así sucesivamente. ¡El estudio es siempre una estrategia ganadora!

2.14

Excelencia: Suficiente

El fundador de Vanguard Funds, el difunto Jack Bogle, padre de los fondos indexados sin carga/comisión y posiblemente el inversor más exitoso de Estados Unidos durante décadas, escribió un libro brillante titulado *Enough: True Measures of Money, Business, and Life*. Comienza con esta anécdota:

«En una fiesta ofrecida por un multimillonario en Shelter Island, Kurt Vonnegut informa a su amigo, Joseph Heller, de que su anfitrión, un gestor de fondos de cobertura, había ganado más dinero en un solo día que Heller con su popularísima novela La Trampa 22, *en toda su historia. Heller responde... Sí, pero yo tengo algo que él nunca tendrá... suficiente.»*

El corazón del libro de Bogle queda plasmado en los títulos de los capítulos:

Demasiado coste, poco valor

Demasiada especulación, poca inversión

Demasiada complejidad, poca simplicidad

Demasiada contabilidad, poca confianza

Demasiada conducta comercial, poca conducta profesional

Demasiado espíritu de venta, poca administración

Demasiada gestión, poco liderazgo

Demasiada atención a las cosas, poca atención al compromiso

Demasiados valores del siglo XXI, pocos valores del siglo XVIII

Demasiado «éxito», poco carácter

(Para tu información: Una de las emociones de mi vida fue ser invitado a escribir el prólogo de la edición de bolsillo de *Enough*).

Tarea 14

¡Lee el libro! Reflexiona: ¿cómo se aplica a mi día a día profesional y, en especial, el tipo de empresa u organización que quiero construir?

2.15

Excelencia: No es suficiente

Milton Friedman como el «Anti-Bogle»: El fiasco de «maximizar el valor para el accionista» de Friedman / 1970-??

Algunos ejemplos:

N.º 1: «En 1970, informa Duff McDonald en su libro *The Golde Passport*, el economista Milton Friedman, ganador del Premio Nobel, publicó un ensayo en el *New York Times Magazine* titulado "La responsabilidad social de las empresas es aumentar sus beneficios".»

El artículo de Friedman fue el inicio de la era de la maximización del valor para el accionista. Titulé un ensayo explicativo reciente: «Maximizar el valor para el accionista: La idea económica moralmente repulsiva e incomparablemente destructiva (no exigida legalmente), que decapitó a la empresa moderna y está estimulando la inestabilidad social». Bueno, eso es lo que creo, ¡aunque el título sea muy extenso!

N.º 2: William Lazonick, en un artículo de la *Harvard Business Review* titulado «Ganancias sin prosperidad» expone los argumentos cuantitativos contra la maximización del valor para el accionista:

«Las mismas personas de las que dependemos para hacer inversiones en las capacidades productivas que aumentarán nuestra prosperidad compartida están, en cambio, dedicando la mayor parte de los beneficios de sus empresas a usos que aumentarán su propia prosperidad.»

Considera estos datos de *Ganancias sin prosperidad*:

449 empresas del listado S&P 500 que cotizan en bolsa entre 2003 y 2012:
El 91 % de los 2,4 billones de dólares de beneficios se destinaron a recompras de acciones y dividendos
El 9 % restante se destinó a «capacidades productivas o mayores ingresos para los empleados»

Esa cuota de «capacidades productivas» —9 % en 2012— era del 50 % antes del lanzamiento del pernicioso movimiento de Friedman.

(Alucinante / induce a pesadillas). Traducción:

1970: 50 %: Trabajadores / I+D / Inversiones productivas. Estrategia: «Retener y reinvertir».

2012: 9 %: Trabajadores / I+D / Inversiones productivas. Estrategia: «Reducir y distribuir»

N.° 3: Las tornas están empezando a cambiar. El gran profesor de la Harvard Business School Joseph Bower y Lynn Paine, escriben en *The Error at the Heart of Corporate Leadership*, HBR:

«Ha llegado el momento de cuestionar el modelo de gobierno corporativo. Su mantra de maximizar el valor para el accionista está distrayendo a las empresas/líderes de la innovación, la renovación estratégica y la inversión en el futuro que requieren su atención. La historia ha demostrado que, con una gestión inteligente y una regulación sensata, las empresas pueden desempeñar un papel útil para ayudar a la sociedad a adaptarse al cambio constante. Pero eso solo puede ocurrir si los directores y gerentes tienen la suficiente discreción para adoptar una visión más larga y amplia de la empresa y su negocio. Mientras se enfrenten a la perspectiva de un ataque sorpresa por parte de "propietarios" que no rinden cuentas, los líderes empresariales de hoy no tienen más remedio que centrarse en el aquí y el ahora.»

N.° 4: Rechazar la maximización del valor del accionista a corto plazo y jugar el «juego largo» / La recompensa es estupenda

Dominic Barton, director general de McKinsey, James Manyika, Sarah Keohane Williamson, «The Data: Where Long – Termism Pays Off», *Harvard Business Review*:

«Para cuantificar los efectos del cortoplacismo en las empresas y evaluar su impacto acumulativo en la economía del país, hemos analizado los datos de 615 empresas estadounidenses no financieras de 2001 a 2014 (que representan entre el 60 % y el 65 % de la capitalización bursátil total de Estados Unidos). Utilizamos varias métricas estándar como indicadores del comportamiento a largo plazo, entre ellas la relación entre los gastos de capital y la depreciación (una medida de la inversión), los devengos como proporción

de los ingresos (un indicador de la calidad de los beneficios) y el crecimiento del margen. Para garantizar la validez de los resultados y evitar el sesgo de la muestra, se comparó las empresas solo con sus pares del sector con conjuntos de oportunidades y condiciones de mercado similares. Ajustando el tamaño de la empresa y el sector, identificamos 167 empresas (alrededor del 27 % del conjunto total) que tenían una orientación a largo plazo.»

Resultados de Barton *et al.*:

2001–2015: Inversores a largo plazo frente a todos los demás:

Ingresos medios de la empresa: +47 %
Ganancia media de la empresa: +36 %
Beneficio económico medio de la empresa: +81 %
Capitalización bursátil media: +58 %
Creación media de empleo: +132 %

¡¡¡I-N-D-U-D-A-B-L-E!!!
Relee especialmente: +132 %

Tarea 15

No muchos lectores son directores ejecutivos de firmas gigantes que cotizan en bolsa. Entonces ¿cómo aplicamos esto a nosotros, meros mortales? Hasta cierto punto, es la última extensión de «Lo duro es blando. Lo blando es duro». Lo importante es: el cortoplacismo es una trampa y un engaño, y destructivo para los individuos y la sociedad en su conjunto. La inversión a medio y largo plazo, especialmente la inversión en personas e innovación, resulta rentable para los trabajadores, los clientes y las comunidades y sobre todo para las ganancias de la empresa. Y esta gente / innovación / visión a largo plazo aplica tanto (¡o más!) a un local de fontanería de nueve personas como a una empresa gigante de servicios. Haz un autoexamen serio en relación con estas ideas y estos datos y tu mundo.

2.16

La excelencia es una forma de vida

La excelencia es espiritual

La excelencia empresarial consiste en saber quiénes somos y cómo contribuimos

La EXCELENCIA, según mi definición, es ante todo una forma de vida, una manera de comportarse con cuidado y respeto hacia nuestros semejantes y nuestras comunidades día a día, momento a momento.

La EXCELENCIA es, de manera importante, espiritual.

Francamente, normalmente evito términos como «espiritual». Al fin y al cabo, mi estilo es el análisis práctico y realista y los consejos prácticos. ¿Qué otra cosa puede hacer un doble graduado en ingeniería? Pero al reflexionar sobre el poder de la excelencia —especialmente en estos tiempos caóticos— tengo claro que el mensaje que quiero dejarte podría ser pronunciado desde el púlpito de una iglesia. El trabajo es la forma en que pasamos la mayor parte de nuestras horas de vigilia, y es, pues, por definición «quiénes somos». Y lo que somos como líderes es cómo contribuimos, en el fondo, al bienestar de nuestros compañeros. Por eso abandoné mi reluctancia y abracé de todo corazón la esencia «espiritual» de la excelencia. Recuerdo con alegría haber recibido una carta de un sacerdote católico —yo me crie como presbiteriano— en la que me informaba de que su tesis doctoral de teología en la Universidad de Notre Dame se basaba en *En busca de la excelencia*. Según recuerdo, se me saltaron las lágrimas.

Como se ha mencionado anteriormente, menos del 10 % de nosotros trabaja para las 500 empresas de Fortune o para empresas gigantes. Sin embargo, en general, la mayor parte de nosotros trabaja para una empresa de algún tipo. Así que, efectivamente, el estado de las empresas es el estado de la comunidad / país / mundo. Por lo tanto, un debate sobre las empresas es un debate sobre, aunque suene grandioso, la calidad de la propia civilización. Y, por tanto, la excelencia empresarial es de suma importancia.

Tarea 16	¡Es sobre tu vida de lo que estamos hablando! La excelencia en las empresas (en mi opinión) consiste en quiénes somos y cómo contribuimos, y por lo tanto está a años luz de hojas de balance abstractas.

Hace años introduje la palabra «EXCELENCIA» en mi léxico empresarial, mientras, casualmente, redactaba una presentación poco después de haber asistido a un espectáculo elevado y edificante del Ballet de San Francisco. Lo que pasó por mi mente fue algo así como: «¿Por qué los negocios no pueden ser como el ballet?».

«Excelencia empresarial».
Una forma de ser.
Este libro es mi «último hurra».
¿Estás conmigo?

La estrategia es una *commodity*

La ejecución es un arte

3.17

Ejecución: «Se puede hacer» / El «último 95 por ciento»

«SE PUEDE HACER. Lo difícil lo hacemos ahora. Lo imposible tarda un poco más.»
—Lema de los *Seabees* de la Marina de los Estados Unidos

Mi primer campo de entrenamiento de liderazgo, Vietnam, 1966-1968. Los *Seabees* (el nombre deriva de la pronunciación inglesa «CB» / Batallón de Construcción) son la legendaria fuerza de construcción de combate de la Armada, que no necesita zapatos pulidos, y que nació en Guadalcanal en 1942. Su función es hacer lo imposible. Por ejemplo, construir y completar una pista de aterrizaje en Guadalcanal, desde cero, en 13 días, bajo el fuego, con un equipo pésimo, en un terreno irremediablemente rocoso y, para colmo, durante un monzón. Ese espíritu, y resultados similares, siguen siendo la marca del *Seabee* aproximadamente 80 años después.

«No olvidéis la ejecución, chicos. Es el importantísimo último 95 por ciento.»
—Director de McKinsey

Un director de McKinsey (de rango superior) metió la cabeza en una sala de conferencias de San Francisco y nos gritó desde la puerta a mis compañeros y a mí: «No olvidéis la ejecución, chicos.

Es el importantísimo último 95 por ciento». Tenía razón, por supuesto, y, más adelante en mi carrera, todo el impulso del estudio de McKinsey que produjo *En busca de la excelencia* fue una orden del director general de la empresa para centrarnos en la ejecución, o la falta de ella. «Tom», dijo, «diseñamos estas extraordinarias estrategias, pero el cliente no puede ejecutarlas. ¿Cuál es la desconexión?» Una y otra vez, en empresas de todo tipo, el análisis de los problemas manda y la ejecución se da por sentada. Y es, de hecho, el «último 95 %».

Tarea 17

Un dicho común: «Un líder atrae a la gente a su lado con una visión inspiradora. Y solo necesita un gerente para manejar los detalles». Bueno, me quedo con el «gerente». Puedes quedarte con el líder. Un buen libro no proviene de una fabulosa idea: proviene de dos años de investigación exhaustiva y siete u ocho o 12 (o 20) reescrituras completas. Entonces mi consejo es: Olvídate del glamur y las abstracciones. Concéntrate en conseguir algo, cualquier cosa concreta, hecha al final del día. Y si estás a cargo, recluta para tu equipo a personas poco llamativas que no son felices a menos que puedan trabajar duro en algo.

3.18

Ejecución: Conrad Hilton y las cortinas de ducha

«*Conrad Hilton apareció una vez en el programa* The Tonight Show. *El presentador Johnny Carson le preguntó si tenía un mensaje para el pueblo estadounidense sobre lo que había aprendido al construir su imperio hotelero. Hilton hizo una pausa y se dirigió a la cámara. "Por favor, recuerda meter la cortina de la ducha dentro de la bañera".*»

—Deborah Aarts, *Canadian Business*

Esta frase de Hilton ha sido la primera diapositiva de prácticamente todas las presentaciones que he hecho en los últimos cinco años. En el sector hotelero, la «ubicación, la ubicación, la ubicación» (y un gran arquitecto) son importantes; me atraen a través de la puerta en mi primera visita. Pero son los detalles como esa cortina de ducha (×100) los que me hacen volver y me inducen a recomendar el hotel a mis amigos. Y, como bien saben los empresarios, se suele perder dinero en las primeras transacciones y se gana en las transacciones 18, 19 y 20, y a través del vital (y esperemos que viral) boca a boca y las redes sociales.

(Para tu información: hay otra lectura de suma importancia en la historia de Hilton. Si lo que más importa es meter la cortina de la ducha, entonces los que la meten son las personas más importantes del

---

personal, lo que contrasta enormemente con el tratamiento típico que se le da a estos. Más información al respecto en el Tema 4).

Tarea 18 Deja que otros contraten a los MBA. La estrategia ganadora de por vida es obsesionarse con la gente que mete las cortinas de la ducha. Observa tu último día laboral completo. ¿Cuánto tiempo tuviste que perder gastar en / con las «cortinas fuera de la bañera» de tu organización? (Pregúntatelo al final de cada día de trabajo).

3.19

Ejecución: Mantenlo simple / La ejecución es la estrategia / La ley de hierro de la ejecución

Mantener la sencillez

«Costco se dio cuenta de cuáles eran las cosas importantes y sencillas, y las ejecutó con total fanatismo.»
—Charles Munger, vicepresidente de Berkshire Hathaway

Los resultados de Costco han sido excepcionales, y esos resultados se basan en gran medida en el respeto por sus empleados de primera línea que hacen el verdadero trabajo diario de la organización (es decir, «ejecutan fanáticamente»).

La ejecución *es* la estrategia

«La ejecución ES la estrategia.»
—Fred Malek

Malek fue mi jefe en la Casa Blanca en 1973-1974. Fred no se ocupaba de abstracciones. Quería resultados. Ahora. Sin aspavientos, sin florituras y, Dios sabe bien, sin excusas. (Por ejemplo, una vez hice un viaje de ida y vuelta de Washington D.C. a Bangkok en 48 horas para entregar un breve mensaje a nuestro embajador en una reunión de 15 minutos; Fred dijo «cara a cara»; yo lo hice cara a cara. Y punto. Para tu información: funcionó. El embajador, antes escéptico, apoyó un importante programa que estábamos lanzando).

«La ejecución es el trabajo del líder empresarial... Cuando evalúo a candidatos, lo primero que busco es la energía y el entusiasmo por la ejecución... ¿habla sobre la emoción de hacer las cosas, o se preocupa constantemente de la estrategia o de la filosofía? ¿Detalla los obstáculos que tuvo que superar? ¿Explica las funciones que desempeñaron las personas que le fueron asignadas?»
—Larry Bossidy con Ram Charan, *Execution: The Discipline of Getting Things Done*

Tarea 19A	Aplica rigurosamente la «regla Bossidy» para contratar y promocionar personas.

La ley de hierro de la ejecución

«La ejecución es un proceso sistemático que consiste en discutir rigurosamente los cómos y los qués, en hacer un seguimiento tenaz y en garantizar la responsabilidad.»
—Larry Bossidy con Ram Charan, *Execution: The Discipline of Getting Things Done*

LA LEY DE HIERRO: Cuando se habla todo el tiempo de la ejecución, es probable que ocurra. Cuando no lo haces, no ocurre.

P: ¿Puede ser así de sencillo?
R: Hasta cierto punto, sí.

Tarea 19 B Haz de esta tu ley de hierro personal: En cada conversación y en cada reunión, la ejecución / implementación / discusión sobre quién, qué, cuándo y los próximos hitos a cumplir debe ser central y dominante (por ejemplo, 15 diapositivas de tareas pendientes en una presentación de PowerPoint de 30 diapositivas) y reiterada más o menos inmediatamente y siempre en las comunicaciones de seguimiento. Obsesiónate con la ejecución y haz pública tu obsesión.

Ejecución / La(s) última(s) palabra(s)

Por falta de un clavo, se perdió la herradura,
por falta de una herradura, se perdió el caballo,
por falta de un caballo, se perdió un jinete,
por falta de jinete, se perdió el mensaje,
por falta de mensaje, se perdió la batalla,
por faltar esa batalla, se perdió la guerra,
por faltar esa guerra, cayó el reino,
y todo por un clavo que faltaba.

Fuente: Proverbio del siglo XIII

«La estrategia es una commodity, *la ejecución es un arte.»*
—Peter Drucker

«Los aficionados hablan de estrategia. Los profesionales hablan de logística.»
—General R.H. Barrow, USMC

«No culpes a nadie.
No esperes nada.
Haz algo.»
—Bill Parcells, entrenador de la NFL

Las personas *son* lo primero

«El negocio tiene que dar a la gente vidas enriquecedoras y gratificantes... o simplemente no vale la pena hacerlo.»

Mi libro *The Excellence Dividend* se publicó en 2018. La promoción consistió básicamente en hacer pódcasts. Tal vez veinte. Salvo una excepción, la persona que preguntaba estaba bien preparada y era divertido hablar con ella. Pero había algo curioso. Apostaría a que en quince de las veinte entrevistas, esta pregunta, casi palabra por palabra, fue formulada como apertura:

«Tom, hablas mucho de la gente, ¿por qué?»

La respuesta no expurgada que quería dar era: «¿De qué m----- más hay que hablar?» (sin la m-----)

Los negocios tienen que ver con las personas.
Las personas son lo primero.
Las personas son lo segundo.
Personas...
Personas para terminar.
Y punto.

Así que...

4.20

Las personas *son* lo primero

Convertirse en más de lo que nunca soñaron ser

«El negocio tiene que dar a la gente vidas enriquecedoras y gratificantes... o simplemente no vale la pena hacerlo.»
—Richard Branson, *Business Stripped Bare: Adventures of a Global Entrepreneur*

Este es el texto de la primera diapositiva de las 4096 de mi Power-Point de 27 capítulos en excellencenow.com. No hace falta decir que la elección no fue fácil. Pero, años después,nunca he vacilado: n.º1 / 4096 = n.º1 / 4096.

Definición: Un gran directivo está literalmente *desesperado* por que cada uno de los miembros de su equipo tenga éxito, crezca y florezca.

Tarea 20A	Entonces, tú Sr. o Sra. Líder, ¿estás D-E-S-E-S-P-E-R-A-D-O? (la elección de la palabra ha sido muy deliberada).

«Sea cual sea la situación, la primera respuesta [del gran directivo] es siempre pensar en el individuo en cuestión y en cómo se pueden organizar las cosas para ayudar a ese individuo a experimentar el éxito.»

—Marcus Buckingham, *The One Thing You Need to Know About Great Managing, Great Leading, and Sustained Individual Success* (No hay nadie en este ámbito a quien respete más que a Marcus Buckingham).

«El papel del director es crear un espacio en el que los actores y actrices puedan llegar a ser más de lo que han sido nunca, más de lo que han soñado ser.»

—Robert Altman, director

Tarea 20 B Reflexiona acerca de las palabras de Altman:

más de lo que han sido nunca
más de lo que han soñado ser

Bonitas palabras, pero considera su significado exacto. Si eres un líder, esas palabras exactas, ¿se corresponden con tu visión acerca de tu papel? (¿y tus actos en las últimas 24 horas?).

Del libro de Robert Greenleaf, *Servant Leadership*, estas son las preguntas que los líderes deben hacerse respecto a las personas de su equipo:

«¿Están creciendo como personas?

¿Se convierten, mientras se les sirve, en más sanos, más sabios, más libres, más autónomos, más propensos ellos mismos a convertirse en servidores?»

Reflexiona sobre el término «liderazgo servicial» y lee, si por casualidad no lo has hecho, el inigualable libro de Greenleaf.

> *«Si quieres que el personal dé un gran servicio a los clientes, los líderes tienen que dar un gran servicio al personal.»*
>
> —Ari Weinzweig, cofundador de Zingerman's, *A Lapsed Anarchist's Approach to Building a Great Business*

Tan aparentemente sencillo, tan a menudo ignorado. Si esto fuera la norma, no necesitaría escribir este libro. De hecho, no «necesito» escribir este libro. Tengo que escribir este libro. Esta es mi última oportunidad para convencerte de que hagas lo que yo llamaría lo obvio: por ejemplo, «dar un gran servicio al personal».

> *«Lo que experimentan los empleados, lo experimentan los clientes... Tus clientes nunca estarán más contentos que tus empleados.»*
>
> —John DiJulius, en su blog *Customer Experience*

Profundo.

(Sí, merece la palabra «profundo». Supongo que también es un comentario profundo señalar cuánta gente supuestamente inteligente «no lo capta»).

Si quieres IMPRESIONAR al cliente con un *WOW*, primero debes IMPRESIONAR con un *WOW* a las personas que tienen que causar ese *WOW*.

Admito que tengo una casi adicción a la palabra *WOW*

Tarea: 20C	¿Has IMPRESIONADO a tu equipo hoy para que diga *Wow!* *(y sí, por favor usa la palabra WOW)*

> *«Cuando contrato a alguien, es cuando voy a trabajar para él.»*
>
> —John DiJulius, *The Relationship Economy: Building Stronger Customer Connections in the Digital Age*

Recuérdatelo cada vez que entres en la oficina o te conectes a una reunión virtual. Yo trabajo para ellos, no al revés.

«No tenía una "declaración de misión" en Burger King. Tenía un sueño. Muy sencillo. Era algo así como: "Burger King son 250.000 personas, a cada una de las cuales le importa una mierda". Cada una. De contabilidad. De sistemas. No solo a los que están en el drive through. Todo el mundo está imbuido "en la marca". De eso se trata, nada menos.»

—Barry Gibbons, exdirector general de Burger King, superestrella del cambio.

«Lo que intento hacer como líder de Tangerine es construir una cultura en la que los individuos —las personas— tengan los medios para prosperar de verdad. Para tener éxito. Para ser felices en su trabajo. Para sentirse realizados y en crecimiento. Una cultura que dé voz a todos los miembros del equipo. ¿Por qué? Porque ser bueno con tu propia gente es un buen negocio. Cuando prospera un YO, NOSOTROS nos beneficiamos. Por eso el título de este libro es Weology. *Lo que yo llamo "Weology" (la lógica del nosotros) consiste en crear escenarios en los que todos ganan. Es una forma de poner a las personas en primer lugar a corto plazo para que una empresa pueda prosperar a largo plazo. La idea es que los números no tienen que regir la forma de dirigir una empresa, ni siquiera de un banco... La gente que está feliz en su trabajo son los mejores embajadores de nuestra empresa, de nuestra cultura corporativa, porque viven Weology y saben que es verdad.»*

—Peter Aceto, director general de Tangerine, de *Weology: How Everybody Wins When We Comes Before Me* (Tangerine es una innovadora y muy exitosa empresa canadiense de servicios financieros).

«Una organización solo puede convertirse en la mejor versión de sí misma en la medida en que las personas que dirigen la organización se esfuerzan por convertirse en una versión mejor de sí mismas. Nuestros empleados son nuestros primeros clientes, y nuestros clientes más importantes.»

—Matthew Kelly, *El gerente de sueños*

La idea de Matthew Kelly, en un libro basado en una organización de servicios de limpieza, es que cada empleado tiene un sueño, a menudo no directamente relacionado con el trabajo (por ejemplo, un pequeño paso adelante en la educación para una limpiadora a tiempo parcial). Y el liderazgo que ayuda a ese empleado a realizar su sueño se verá recompensado con un rendimiento superior y también se habrá comportado en general como una parte integral de la comunidad más amplia.

Tarea 20E ¿Estas en el negocio «de cumplir los sueños de los empleados?» Sí, ya sé, es una exageración y no espero que contestes que compras la idea en un 100 %, pero la lógica es impecable, así que hazme el honor de considerar seriamente el tema de la «satisfacción de sueños» y lee el libro del señor. Kelly.

«Somos damas y caballeros sirviendo a damas y caballeros.»

—Del credo del Ritz-Carlton

En la hostelería, los miembros del personal de primera línea han sido tratados históricamente más como carne de cañón que como «damas y caballeros». Esta muestra de respeto (somos damas y caballeros), certificada como creencia básica escrita, es un tema (muy) importante. (Para tu información: el Ritz-Carlton es, más allá de sus resultados de pérdidas y ganancias, votado habitualmente como una de las mejores empresas para trabajar en Estados Unidos).

«El camino hacia una cultura de la hospitalidad no pasa, paradójicamente, por el huésped... Los verdaderos líderes de la hospitalidad se centran en primer lugar en sus empleados. Pasamos por el hotel [inmediatamente después de adquirirlo] y consideramos su renovación. En lugar de rehacer los baños, los comedores y las habitaciones de los huéspedes, dimos a los empleados nuevos uniformes, compramos flores y fruta y cambiamos los colores. Nos centramos totalmente en el personal. Ellos eran los que queríamos hacer felices. Queríamos que se levantaran cada mañana entusiasmados por un nuevo día de trabajo.»

—Jan Gunnarsson y Olle Blohm, autores, gurús de la gestión y propietarios de hoteles.

Tarea: 20F   «Considerar una renovación» es un término inspirador. ¿Qué piensas del mismo? (¿Qué es lo que debes considerar renovar? Detalles, por favor).

El paciente es lo segundo

«Nadie llega a casa después de una operación diciendo: "¡Ha sido la mejor sutura que he visto nunca!" o "¡Genial, han sacado el riñón correcto!". En su lugar, hablamos de las personas que nos atendieron, las que coordinaron todo el procedimiento, desde la recepcionista hasta las enfermeras y el cirujano. Y no solo contamos historias en torno a nuestra mesa. Compartimos nuestras experiencias a través de conversaciones con amigos y colegas y a través de las redes sociales como Facebook y Twitter.»

—Paul Spiegelman y Britt Berrett, del capítulo ¿Qué es lo primero? En *Patients Come Second: Leading Change by Changing the Way You Lead*

Alegría S. A.

«Puede sonar radical, poco convencional y rozar la locura como idea empresarial. Sin embargo, por ridículo que parezca, la alegría es la creencia central de nuestro lugar de trabajo. La alegría es la razón por la que mi empresa, Menlo Innovations, una empresa de diseño y desarrollo de software en Ann Arbor [MI], existe. Define lo que hacemos y cómo lo hacemos. Es la única creencia compartida por todo nuestro equipo.»

—Richard Sheridan, *Joy, Inc: How We Built a Workplace People Love*

Menlo es «lo más». No se trata de una idea bonita lanzada al cielo. Me costó un poco convencerme, pero hoy, después de visitar Menlo, soy un «fanático». Como siempre, esto requiere algo más que una lectura rápida. Sospecho que la mayoría de los lectores se sentirán atraídos por la «alegría». Pero, ¿por qué no? (Y, como siempre, el 100 % de las veces, en esta sección, esto también es un generador de beneficios casi garantizado).

Tarea 20G
Realizador de sueños. Hospitalidad. Alegría. Son palabras maravillosas y he estado recolectando tantas de ellas como me ha sido posible. Espero expresar mi punto de vista con lenguaje extremo y repetición.

Las personas *son* lo primero:
El cliente al que hubo que despedir

«He venido a rescindir nuestro contrato, porque tu vicepresidente ejecutivo es una mierda. Está tratando a tu gente de una forma atroz y está tratando a mi gente de una forma atroz. No voy a permitir que este hombre siga desmoralizando a la gente de Ogilvy & Mather.»

—David Ogilvy, *The unpublished David Ogilvy*

Resumen / Catorce citas rápidas / La gente *es* lo primero

... «da a las personas vidas enriquecedoras y gratificantes»

... «desespérate por que cada uno de los miembros de tu equipo prospere»

... «cómo se pueden organizar las cosas para ayudar a ese individuo a experimentar el éxito»

... «que lleguen a ser más de lo que nunca han sido, más de lo que han soñado ser»

... «que a quienes sirvas se vuelvan más sanos, más sabios, más libres, más autónomos»

... «brinda un gran servicio al personal»

... «los clientes nunca estarán más contentos que tus empleados»

... «primero tienes que conseguir el *WOW* en el personal antes que el *WOW* en el cliente»

... «250.000 personas, a cada una de las cuales le importa una mierda»

... «construye una cultura en la que los individuos tengan los medios para prosperar de verdad, para tener éxito, para ser felices en su trabajo, para sentirse realizados y en crecimiento»

... «los empleados son nuestros primeros clientes, los más importantes»

... «damas y caballeros sirviendo a damas y caballeros»

... «La atención se centró totalmente en el personal; ellos eran a los que queríamos hacer felices»

... «la alegría es la creencia central de nuestro lugar de trabajo»

Tarea 20H

Vuelve a leer (y luego vuelve a leer), digiere y debate las citas en esta sección. En efecto, todas dicen lo mismo: Pon a las personas realmente en primer lugar. El motivo de que sean 14 «similares» es para subrayar la importancia de la idea y sugerir que muchas personas / líderes muy inteligentes son verdaderos «extremistas» acerca de la idea de poner a la gente en primer lugar y primordial en su estrategia. Lo que no se incluye en detalle en estas citas es que el resultado económico de estas políticas es el crecimiento y la rentabilidad que invariablemente supera a la de sus pares.

Lectura recomendada (¿obligatoria?): Consiguir el éxito a través de las personas es lo primero

Pruebas fehacientes (si las necesitas) de quienes han puesto en práctica lo mencionado sobre este tema crucial (nada-pero-nada-es-más-importante):

Nice Companies Finish First: Why Cutthroat Management Is Over— and Collaboration Is In, de Peter Shankman con Karen Kelly

Uncontainable: How Passion, Commitment, and Conscious Capitalism Business Where Everyone Thrives, de Kip Tindell, CEO Container Store

Firms of Endearment: How World-Class Companies Profit from Passion and Purpose, de Raj Sisodia, Jag Sheth y David Wolfe

The Good Jobs Strategy: How the Smartest Companies Invest in Employees to Lower Costs and Boost Profits, de Zeynep Ton

Joy, Inc: How We Built a Workplace People Love, por Richard Sheridan, CEO Menlo Innovations

Employees First, Customers Second: Turning Conventional Management Upside Down, por Vineet Nayar, director general de HCL Technologies

The Customer Comes Second: Put Your People First and Watch 'Em Kick Butt, por Hal Rosenbluth, exdirector general de Rosenbluth International

Patients Come Second: Leading Change by Changing the Way You Lead, por Paul Spiegelman y el director general del hospital Britt Berrett

4.21

La gente es lo primero / Los trabajadores a tiempo parcial son de la familia

1998-2014: Fortune informó de que solo doce empresas habían figurado en su lista de las «100 mejores empresas para trabajar en Estados Unidos» cada año, durante los 16 años de existencia de esa lista. Por el camino, entre otras cosas, estas súper doce crearon 341.567 nuevos puestos de trabajo, lo que equivale a un crecimiento del empleo del 172 % (los rendimientos de los accionistas, para las empresas que cotizan en bolsa entre las doce, también superaron drásticamente al mercado en su conjunto).

Las Súper Doce:
Publix
Whole Foods
Wegmans
Nordstrom
Marriott
REI
Four Seasons
Cisco Systems
Goldman Sachs
SAS Institute
W.L. Gore
TDIndustries

Nota: Más de la mitad (¡!), 7 / 12 (los siete primeros de la lista) de los «sistemáticamente mejores de los 100 mejores» están en los llamados componentes de «salarios necesariamente bajos» de la industria de servicios.

Ejemplo de rendimiento:
Rotación de personal promedio del comercio minorista en general: 65 %;
Publix (comestibles, uno de los 7 / 12) rotación de personal: 5 %.

En relación con la versión de 2016 de la lista, Fortune informó que los Súper Doce tienen «solo una cosa en común: Cuidan generosamente a sus trabajadores a tiempo parcial».

Tarea 21 «Cuidan generosamente a sus trabajadores a tiempo parcial.» ¿¿Y tú??

4.22

Las personas primero / ¿Por qué no es obvio para todos?

«Entrenador Belichick, sus jugadores son muy importantes»

Tom Peters, el consultor de negocios de alto perfil, es contratado por los *Patriots* de Nueva Inglaterra para hacer una evaluación de la franquicia de cabo a rabo. Ha llegado el día de la presentación. Peters, vestido al estilo McKinsey que tan bien conoce (traje oscuro conservador con corbata discreta), comienza serio: «Entrenador Belichick, tras un análisis de varios meses, mis colegas y yo hemos llegado a la conclusión de que sus jugadores son muy importantes para la franquicia». En ese momento, el señor Belichick, que no sabe si reír o llorar, coge uno de los varios trofeos de la Super Bowl que tiene sobre su mesa, se lo lanza al señor Peters y luego lo persigue hasta que salga por la puerta.

El abatido señor Peters se había sentido cómodo con el valor de su evaluación de «los jugadores son importantes / las personas primero». Ese tipo de hallazgo sería una revelación que valdría la pena para muchos clientes empresariales «duros / sin tonterías». El jefe de un hotel con formación en marketing habría esperado que el problema fuera la estrategia de segmentación o el enfoque de marketing. El banquero con formación en contabilidad habría esperado un diagnóstico de «demasiados gastos generales» con una evaluación de cuántas personas pueden ser arrojadas por la borda. Pero Peters, en cambio, diría: «Señor, tiene usted una plantilla desmotivada, poco formada y poco recompensada, lo que está provocando una desconexión con el cliente de grandes proporciones, unos logros de innovación insignificantes y una ejecución a medias de la mayoría de sus proyectos». Es decir, Peters hubiera sorprendido al gran hotelero/banquero con su mensaje de «las personas son importantes / invertir más en las personas».

La gente primero / Belichick: «¿Cree que soy un idiota, señor Peters?» La gente primero / Hotelero y banquero: ¡Una idea innovadora!

(Sí, es una exageración, pero, francamente, no por mucho en base a mis más de 40 años de experiencia).

Mi simple punto de vista es, entonces:

El personal de primera línea del hotel (desde el servicio de limpieza hasta la contabilidad), de la consultoría de seis o sesenta personas, de la empresa de software empresarial, de la fábrica de tuercas y tornillos, de la central nuclear... son precisamente tan importantes como los jugadores del equipo de fútbol americano de los *New England Patriots* del Sr. Belichick. También lo son los músicos de la banda de música del instituto de Dartmouth, once veces campeona nacional, y los setecientos marineros que formaban parte del Batallón Móvil de Construcción de la Armada de Estados Unidos, en el que serví en Vietnam en 1966-1967.

Marina de los Estados Unidos.
Las personas son lo primero.
Hospital General de Massachusetts.

Las personas son lo primero.
Hotel Four Seasons / Boston.
Las personas son lo primero.
El instituto de Dartmouth.
Las personas son lo primero.
Google.
Las personas son lo primero.
Apple.
Las personas son lo primero.
San Francisco Forty-Niners.
Las personas son lo primero.
El equipo de lacrosse de Cornell Big Red.
Las personas son lo primero.
Somerset Subaru.
Las personas son lo primero.
Restaurante Bayside.
Las personas son lo primero.
Dan Cook Lawn and Garden Service.
Las personas son lo primero.

Las personas son lo primero.
Maldita sea.
Las personas son lo primero.
Maldita sea.

Maldita sea.
Maldita sea.
Maldita sea.

¿OK?

Tarea 22	¿Se reflejará «Primero las personas» en tus actividades de los próximos 30 minutos? La gente primero. ¿Esta mañana? La gente primero. ¿Esta tarde? La gente primero. ¿Hoy? La gente primero. ¿Mañana? La gente primero. Para siempre. Y siempre…

4.23

DGMBQAOGMB PCPHPHMPM:

Departamento de Gente Muy Buena Que Ayuda a Otra Gente Muy Buena a Prosperar y Crecer y Prosperar y Hacer el Mundo un Poco Mejor

Confesión. Odio el término RR.HH. El 7 de noviembre de 1942, mi padre entró en la sala de partos para verme por primera vez. Mi madre sonrió a mi padre y le dijo (yo era el primero en nacer):

«Mira, Frank, por fin, nuestro pequeño recurso humano.»

Soy Tom Peters. NO soy un «recurso humano». Tú (lector), no eres un «recurso humano».

«Recursos humanos» es… despreciable, repugnante, degradante y autodestructivo. Etiquétame y trátame como un «recurso humano», y te recompensaré con un desinterés automático por tu empresa.

¿Cuál es la alternativa?

Simple: **DGMBQAOGMBPCPHPHMPM**

Departamento de Gente Muy Buena Que Ayuda a Otra Gente Muy Buena a Prosperar y Crecer y Prosperar y Hacer el Mundo un Poco Mejor

¿Entendido? Mi extensa familia de Twitter le dio un fuerte visto bueno, con un millón de retuits, varios de los cuales incluían carteles en la puerta con la versión en inglés «DSCPHOSCPFGPMWLBB».

Tarea 23A ¡Actúa! ¡Ahora! ¡No soy un recurso humano! Promesa: prometo abolir permanentemente el uso del término Recursos Humanos.

4.24

Evaluaciones: Las personas no pueden ser «estandarizadas»

Las evaluaciones no deben ser estandarizadas. Nunca

Cada miembro de un equipo desempeña un papel diferente: pregúntale a cualquier entrenador deportivo. Cada miembro del equipo está en un peldaño diferente de la escala de desarrollo. Cada miembro del equipo se enfrenta a su propio conjunto de problemas personales. La petición de que no se estandaricen las evaluaciones se aplica a t-o-d-o-s, tanto a los camareros de Starbucks como a los empleados del Hilton, a los vicepresidentes de empresas, a los jugadores de los Golden State Warriors y a los miembros del Ballet de San Francisco.

Algunos mandamientos para la evaluación:

Recuerda: no estás evaluando a «miembros de tu equipo». Estás evaluando a Omar Khan, Janet Yarnell, José Salibi Neto...

Las evaluaciones eficaces surgen de una serie de conversaciones continuas y poco estructuradas, no de rellenar un formulario una vez cada seis meses o cada año.

Jefe: ¿Te lleva al menos un día preparar una conversación de evaluación de una hora? Si no es así, es que no te tomas en serio la reunión ni al empleado evaluado.

Jefe: Si no estás agotado después de una conversación de evaluación, entonces no ha sido una conversación bien realizada.

Esta subsección debería ser 10 veces más larga. Nuestra habilidad para dar *feedback* es mala en 9 de cada 9,1 casos (¿tal vez 9 de cada 9,01?). Hay una importante literatura sobre este tema que debería estar en tu lista de lecturas. Y más: Algunos expertos superestrellas afirman rotundamente que la gente no necesita *feedback,* sino que necesita un estímulo que los lleve al siguiente nivel. Piensa en ello:

«En más de veinticinco años de experiencia en los negocios, he visto lo perjudicial que puede ser el feedback *constante... También he visto lo que las conversaciones reales y la forma en que abordamos los problemas o interactuamos con nuestro equipo pueden hacer, siempre que sean genuinos: alimentar nuestra esencia única y permitirnos desarrollar nuestra capacidad, para llegar más lejos de lo que creíamos posible. En este tipo de conversaciones no se pueden dar consejos precisos sobre cómo colorear dentro de las líneas, o incluso ofrecer apoyo por no pensar fuera de la caja: hay que abandonar las líneas y la caja en busca de algo completamente desconocido.»*

Del prólogo de *No More Feedback: Cultivate Consciousness at Work*, de Carol Sanford. *No More Feedback* es un libro único, una obra realmente original y profundamente importante, extraordinariamente bien documentada. Sanford comienza el cuerpo principal del libro así: «Admitiré desde el principio que esta es una visión contraria de un tema que *me encanta odiar*. El feedback (La cursiva es de ella).»

Tarea 24	Las evaluaciones son de suma importancia. Conviértete en serio estudiante de las mismas. (¡Maldita sea!) Tanto si tienes 27 como 47 años, asume que tu proceso de evaluación, y tú mismo, está muy mal. Mi estimación: importancia de las evaluaciones en una escala de 1 a 10: 10. Tu preparación: 0 a 0,5. (Puedo ser algo injusto pero las brechas de conocimiento-importancia-preparación son indudablemente gigantescas).

4.25

Decisiones de promoción / Vida o muerte

«Los ascensos son "decisiones de vida o muerte".»
—Peter Drucker, *The Practice of Management*

Amén. «De vida o muerte». La sugerencia implícita es que la decisión de promoción debe ser tratada con el extremo cuidado que se otorga a cualquier decisión estratégica de la empresa.

No tengo ninguna duda de que se toman «en serio» las decisiones de promoción. Sospecho firmemente (¿estoy completamente seguro?) que no son lo suficientemente serios, especialmente en lo que respecta a la promoción a puestos de liderazgo de primera línea (véase la sección 1.4, líderes de primera línea como fuerza empresarial n.º 1).

Dato duro: Toda decisión de promoción es una «decisión del CEO o director general». Es decir, ¿quieres que María o Mark o Saúl o Hana Mei sean «CEO / Departamento de Compras»… durante los próximos cinco años? (Eso es un G-R-A-N compromiso.)

Tarea 25 A	Tu próxima decisión de promoción tiene un impacto estratégico importante. Por favor (¡por favor!), tómala con cuidado.
Tarea 25 B	Repasa lo mencionado en la sección 1.4 sobre la importancia estratégica de los líderes de primera línea. No se me ocurre ninguna otra decisión más importante que elegir esos líderes. Actúa conforme a ello.

4.26

Las personas primero / E al cubo

Extreme Employee Engagement (Compromiso extremo de los empleados)

EEE / *Extreme Employee Engagement* maximiza la calidad del compromiso de los clientes.

EEE maximiza la retención de clientes.

EEE convierte a los «clientes» en «fans».

EEE hace que sea seguro asumir riesgos y cometer errores, lo que a su vez genera y maximiza la innovación en todos los niveles de la organización.

EEE sustenta y estimula el trabajo en equipo.

EEE reduce la fricción y aumenta la cooperación, lo que mejora notablemente la importante comunicación interfuncional y la innovación asociada a ella.

EEE mejora la calidad de la unión transitoria de empresas.

EEE mejora la cooperación y la comunicación, lo que a su vez aumenta la productividad y la calidad.

EEE mejora notablemente la ejecución.

EEE es la mejor defensa contra el tsunami de la IA (Inteligencia Artificial) y, en general, convierte a la IA en un socio/aliado más que en un enemigo.

EEE estimula el humanismo de todo, que no es fácilmente copiable por la IA en un futuro previsible.

EEE reduce la rotación de personal y estabiliza la mano de obra.

EEE permite contratar a los mejores talentos.

EEE significa que los mejores empleados tienen muchas más probabilidades de permanecer en la organización.

EEE mejora la reputación de la empresa ante todas las partes interesadas (*stakeholders*).

EEE mejora las relaciones con la comunidad.

EEE es una contribución a la humanidad.

EEE hace que ir a trabajar sea un placer, no una molestia.

EEE hace posible que los líderes se miren al espejo y sonrían.

EEE es la principal ventaja competitiva,

EEE es la base de la excelencia. (Si no hay EEE, no hay excelencia. Es así de sencillo).

EEE (Tomen nota, *controllers*) es una herramienta sin igual / la mejor herramienta de maximización de beneficios sostenible.

EEE = $$$$ / Dinero (mucho) en el banco para todos y todas.

Esta es una lista muy larga. Pero creo firmemente que no es exagerada. Sencillamente, la EEE no tiene parangón cuando se trata de rendimiento empresarial, de adelantarse al «tsunami de la IA» y de hacer lo correcto para los miembros de nuestro equipo y sus comunidades, especialmente en medio de la crisis a la que nos enfrentamos.

Tarea 26

BALANCE FINAL: En una escala del 1 al 10, ¿cómo puntúas tu unidad / organización / empresa en EEE? (Sin respuestas apresuradas, por favor. Tu «puntuación de EEE» es posiblemente la cifra más importante en tu universo profesional.)

4.27

Tú eliges:
Inteligencia Artificial.
¿Enemiga? ¿O amiga?

Un estudio de la Universidad de Oxford de 2015, al que se ha hecho referencia anteriormente, predijo que la inteligencia artificial pondría en peligro el 50 % de los puestos de trabajo de cuello blanco de Estados Unidos en el transcurso de las próximas dos décadas. La mayoría de los expertos dicen que esa estimación es demasiado alta, pero ninguno niega que el impacto será significativo.

La posición adoptada aquí es que tenemos una opción. La IA no tiene por qué ser vista como un enemigo mortal. Al contrario. La IA puede favorecer, y mucho, las ideas que se ofrecen en estas páginas. Los mejores de los mejores —varios de los cuales se encontrarán en este libro— son audaces inversores en tecnología, pero en general la utilizan para mejorar la interacción humana, no para sustituirla.

Hay dos tipos de IA. Es decir: IA / Inteligencia Autónoma (sin humanos) frente a IA / Inteligencia Aumentada (rendimiento humano mejorado).

AuraPortal, una empresa de software de productividad empresarial y trabajo a distancia con sede en Florida, describe muy bien la inteligencia aumentada y el tira y afloja de la IA en su sitio web:

«*La Inteligencia Artificial... tiene el potencial de perturbar prácticamente todas las industrias. Pero las empresas tecnológicas están empezando a pensar en la IA de una manera diferente, ya que entienden que se puede lograr un mayor valor empresarial mediante la combinación de actividades humanas y de IA.*

La inteligencia aumentada, también denominada amplificación de la inteligencia (AI), aumento cognitivo e inteligencia mejorada, es en esencia inteligencia artificial con una vuelta de tuerca. Mientras que la Inteligencia Artificial es la creación de máquinas que trabajan y reaccionan como los humanos, la Inteligencia Aumentada utiliza esas mismas máquinas con un enfoque diferente: mejorar al trabajador humano. La Inteligencia Aumentada implica que las personas y las máquinas trabajen juntas, aprovechando cada una de ellas sus propios puntos fuertes para lograr un mayor valor empresarial. En otras palabras, el objetivo principal de la IA es capacitar a los humanos para que trabajen mejor y de forma más inteligente.

Kjell Carlsson, analista senior de Forrester, afirma que la Inteligencia Aumentada es la clave para impulsar rápidamente los negocios con la IA. Explica que "las empresas que están avanzando con la Inteligencia Artificial, que están impulsando un nuevo valor de negocio rápidamente y que tienen resultados que mostrar, suelen utilizar las tecnologías de IA para mejorar la vida de los empleados". Y concluye: "La inteligencia aumentada suele ser un enfoque mejor que el uso de la IA para sustituir la inteligencia humana".

En los últimos años, en las clasificaciones de las tecnologías de IA en función del valor que crean, la Inteligencia Aumentada se situaba en segundo lugar, justo por debajo de los agentes virtuales [personaje virtual generado por ordenador que mantiene una conversación inteligente con los usuarios...]. Sin embargo, Gartner predice que la inteligencia aumentada superará a todos los demás tipos de iniciativas de IA, pasando al primer lugar este año, y luego creciendo exponencialmente hacia 2025.»

La excelencia empresarial centrada en las personas, que es la pieza central y la razón de ser de este libro, se decanta en gran medida por el empleo generalizado de la IA / Inteligencia Aumentada / Amplificación de la Inteligencia. Y como se describe aquí, la unión de IA y Personas Primero es una ganancia para todos, una bendición para el empleado y la base para la diferenciación de productos y servicios que impulsará significativamente el rendimiento financiero.

Tarea 27

No corras ni te escondas cuando escuches el cántico «La IA se acerca». Primero, sé inteligente. Seas *Techie* o no, dedica tiempo para el estudio de la IA. Comienza ahora mismo es una prioridad personal. Seas *Techie* o no, júnior o sénior, pequeña o grande empresa, participar en discusiones grupales que examinen las posibilidades de IA; estas discusiones deben incluir clientes y proveedores. Además, independientemente de tu rango o área de especialidad, haz amigos (buenos amigos, sugiero) con personas del grupo de sistemas de información de tu empresa.

Repite:
Sé más inteligente hoy.
No mañana.

4.28

Las personas primero: Un legado sin parangón

«En cierto modo, el mundo es un gran mentiroso. Te muestra que adora y admira el dinero, pero al final no es así.

Dice que adora la fama y la celebridad, pero no lo hace, no realmente.

El mundo admira y quiere conservar y no perder la bondad. Admira la virtud.

Al final rinde sus mayores homenajes a la generosidad, a la honestidad, al valor, a la misericordia, a los talentos bien utilizados, a los talentos que, aportados al mundo, lo hacen mejor. Eso es lo que realmente admira. De eso hablamos en los panegíricos, porque eso es lo importante.

No decimos: "Lo que tenía Joe es que era rico". Decimos, si podemos... "Lo que tenía Joe era que cuidaba bien de la gente".»

—Peggy Noonan, «A Life's Lesson», sobre la vida y el legado del periodista Tim Russert, *Wall Street Journal*

Tarea 28

Lo que tenía _____ (tu nombre) es que...
(Para tu información: Ante el COVID 19 y los problemas sociales amplia esto 10 o 100 veces).

Sostenibilidad extrema

5.29

Sostenibilidad extrema

Impacto medioambiental

Urgencia del cambio climático

«*La sostenibilidad: Es hacer lo correcto, lo inteligente, lo rentable.*»
—Hunter Lovins

«*Compra menos, elige bien, haz que dure. Calidad en lugar de cantidad: Esa es la verdadera sostenibilidad. Si la gente solo comprara cosas bonitas en lugar de basura, ¡no tendríamos cambio climático!*»
—Vivienne Westwood

«*Lo que está claro es que muchas de nuestras convenciones y prácticas ya no son válidas para el contexto en el que ahora nos encontramos. Una multitud de problemas sociales y los indicadores medioambientales ponen de manifiesto que los sistemas de producción y las pautas de consumo actuales son física, ética y espiritualmente insostenibles. Así que debemos avanzar hacia un territorio desconocido y explorar nuevos enfoques que sean más benignos para el medio ambiente y más personales y socialmente enriquecedores.*»
—Stuart Walker, *Sustainable by Design: Explorations in Theory and Practice*

El cambio climático, según todos los expertos, avanza a un ritmo exponencial. Parece que cada día se acumulan nuevas e irrefutables pruebas de los daños a corto plazo, por no hablar de los daños a largo plazo que destruyen el mundo.

Las empresas son responsables, directa o indirectamente, de la mayor parte de la degradación de nuestro medio ambiente, y las empresas, con o sin incentivos gubernamentales, deben ser responsables de revertir la tendencia.

Tarea 29A

Se requieren soluciones radicales para antes del mediodía. Y contribuciones no radicales que reduzcan el impacto ambiental pueden comenzar dentro de una hora, en un departamento de compras de 6 personas, un departamento de finanzas de 9 personas o una empresa de 3 personas, ni hablar en una gran organización tomada en su conjunto.

Tarea 29B

Independientemente del tamaño de la empresa o la unidad, coloca la sostenibilidad en tu agenda práctica del día a día. Hazlo tu responsabilidad para empezar, informarte a ti mismo y a tus compañeros de equipo, si aún no están a bordo. No cambiarás el rumbo, pero puedes ser una parte consciente y activa de abordar este asunto. Ahora.

Primeros pasos:

1. Agrega la sostenibilidad a tu credo de visión y valores, o su equivalente, si no tiene una declaración formal.

2. Haz de la sostenibilidad una parte discreta, visible y formal de todos los análisis estratégicos.

3. La sostenibilidad debe ser parte de todas las evaluaciones formales de los líderes.

Lecturas recomendadas:

The Green to Gold Business Playbook: How to Implement Sustainability Practices for Bottom-Line Results in Every Business Function, de Daniel Esty y P.J. Simmons

Sustainable Excellence: The Future of Business in a Fast- Changing World, de Aron Cramer y Zachary Karabell

Green Giants: How Smart Companies Turn Sustainability into Billion-Dollar Businesses, de E. Freya Williams

Confessions of a Radical Industrialist: Profits, People, Purpose – Doing Business by Respecting the Earth, de Ray Anderson y Robin White

Sustainable by Design: Explorations in Theory and Practice, de Stuart Walker

Sustainable Business: Key Issues, de Helen Kopnina y John Blewitt

The Sustainable Design Book, de Rebecca Proctor

Aesthetic Sustainability: Product Design and Sustainable Usage, de Kristine Harper

Cradle to Cradle: Re-Making the Way We Make Things, de Michael Braungart y William McDonough

Elegant Simplicity: The Art of Living Well, by Satish Kumar

Tema

6

Estrategia de valor añadido n.º 1:

Humanismo extremo: Un espejo tan grande como un apósito

«El diseño es el alma fundamental de una creación hecha por el hombre.»

«Solo una empresa puede ser la más barata. Todas las demás deben utilizar el diseño.»

Introducción:
Diseño / Humanismo
extremo

¿De qué recoveco profundo de mi mente surgió? Como suele ocurrir, de un libro. Concretamente, del columnista de gestión del *Financial Times* Chris Lorenz en 1987, *The Design Dimension: The New Competitive Weapon for Business*. Para mí, las ideas eran nuevas. Y pronto quedé cautivado, capturado y comenzó mi obsesión por el diseño, que dura ya 34 años. Y obsesión es. Por desgracia, soy un ingeniero y un poco (o algo así) discapacitado estéticamente. Pero mi «puntuación de apreciación del diseño» es de 11 en una escala de 1 a 10. Esa puntuación de apreciación se ha disparado aún más en los últimos años. Considero que la sensibilidad estética y las experiencias emocionalmente atractivas son, de lejos, no «la mejor defensa contra», sino «la mejor ofensiva para» enfrentarse —incluso dominar— a la inminente incursión de la IA.

Para mí, el diseño es humanismo puro y duro. De hecho, el término al que le he cogido cariño es lo que yo llamo «humanismo extremo». Y, quizás lo más importante de todo, creo que el humanismo extremo se aplica por igual a empresas de 6 y 6000 personas. Creo que el humanismo extremo se aplica a los departamentos de compras y de ventas y a los departamentos de contabilidad tanto como al equipo de desarrollo de productos. Puede que no te lo creas, pero creo que un informe financiero puede estar tan bien diseñado como una prenda de ropa de diseño. Un informe que sea comprensible para alguien cuyas matemáticas hayan alcanzado el nivel máximo en quinto grado. Que sea convincente. Sencillo. 100 % libre de jerga. Atractivo (sí). Que te atraiga en lugar de hacerte correr. Etcétera.

Diseño / humanismo extremo es... la vida.

Diseño / humanismo extremo es... el alma.

Diseño / humanismo extremo... nos hace sonreír.

Diseño / humanismo extremo... hace sonreír a nuestros socios.

Diseño / humanismo extremo... nos hace sentirnos orgullosos.

Diseño / humanismo extremo es... el principal diferenciador del mercado.

Diseño / humanismo extremo es... «un pequeño espejo del tamaño de un apósito».

Un pequeño espejo del tamaño de un apósito

«Janet Dugan, arquitecta sanitaria, se inspiró en su reciente experiencia al someterse a una resonancia magnética. Mientras estaba tumbada y esperando, se dio cuenta de que había un pequeño espejo colocado debajo de la pieza de soporte de la cabeza. Estaba inclinado para que ella pudiera ver al técnico de radiología y establecer contacto visual con él. "Qué poca cosa", me dijo. Y, sin embargo, qué diferencia supuso. Me sentí menos sola. Estaba conectada con otra persona en el momento en que necesitaba apoyo. Y aunque no soy claustrofóbica, me tranquilizó un poco poder ver fuera del aparato... Vi que el técnico era amable y que la enfermera se esforzaba por hacerme reír... Creo firmemente en el poder del diseño para contribuir al proceso de curación: la arquitectura puede dar forma a los acontecimientos y transformar vidas. Pero ese día, en esa experiencia, lo que realmente me reconfortó fue un pequeño espejo del tamaño de una tirita.»

—Tim Leberecht, *The Business Romantic: Give Everything, Quantify Nothing, and Create Something Greater Than Yourself*

6.30

Estrategia de valor añadido n.º 1: Humanismo extremo / Primacía del diseño. Diseño omnipresente de *mindfulness*

Humanismo extremo / Primacía del diseño

La producción de mercancías, productos y servicios, a medida que pase el tiempo (y quizás no mucho), será realizada en gran parte por alguna combinación de IA y robótica. Sin embargo, la diferenciación marcada por la participación humana es totalmente posible. Aunque requerirá una mentalidad que hoy es practicada por una parte relativamente pequeña de las empresas.

Eso debe cambiar.

El nuevo orden mundial (de éxito) es lo que he denominado «humanismo extremo». Ese humanismo extremo se expresa mejor a través de la omnipresencia de la atención al diseño, que puede practicarse en todos los rincones de cada organización.

Humanismo extremo: *«Decía que para él el oficio de construir un barco era como una religión. No bastaba con dominar los detalles técnicos. Había que entregarse espiritualmente; había que entregarse absolutamente al barco. Cuando terminabas y te ibas, tenías que sentir que habías dejado un trozo de ti mismo en él para siempre, un poco de tu corazón.»*

—Daniel James Brown, sobre George Yeoman Pocock, principal diseñador y constructor de botes de competición, en The Boys in the Boat: Nine Americans and Their Epic Quest for Gold at the 1936 Berlin Olympics

Humanismo extremo: *«Todas las escuelas de negocios del mundo te reprobarían si propusieras un plan de negocios que dijera: "'Oh, por cierto, vamos a diseñar y fabricar nuestros propios tornillos a un coste exponencialmente mayor que lo que costaría comprarlos". Pero estos no son solo tornillos. Al igual que el propio termómetro [Nest], son tornillos mejores, tornillos épicos, tornillos con, me atrevo a decir, un significado más profundo. Funcionalmente, utilizan un patrón de rosca específico que les permite entrar en casi cualquier superficie, desde la madera hasta el yeso o la chapa fina. Y el destornillador [personalizado] se siente equilibrado en la mano. Lleva el logotipo de Nest y tiene un aspecto "Nesty", como todo lo de Apple parece "muy Apple"».*

—Tony Fadell, fundador de Nest, en The Soft Edge: Where Great Companies Find Lasting Success, de Rich Karlgaard

Diseño que marca una diferencia duradera / Diseño que permanece: 100 por ciento de profunda conexión emocional

«Después de haber pasado un siglo o más centrado en otros objetivos: resolver problemas de fabricación, reducir costes, hacer disponibles bienes y servicios, aumentar la comodidad: cada vez nos dedicamos más a hacer que nuestro mundo sea

especial. Cada vez más personas, en más aspectos de la vida, obtienen placer y significado del aspecto de las personas, los lugares y las cosas y como las sienten. Siempre que tenemos la oportunidad, añadimos un atractivo sensorial y emocional a la función ordinaria.»

—Virginia Postrel, *The Substance of Style: How the Rise of Aesthetic Value Is Remaking Commerce, Culture, and Consciousness*

El líder como diseñador-extremo-humanista conecta emocionalmente con el producto o servicio y con quienes lo desarrollan («Tornillos épicos, tornillos con un significado más profundo»).

El líder como diseñador extremo humanista conecta emocionalmente con una amplia comunidad.

El líder-como-diseñador-extremo-humanista conecta emocionalmente con los clientes-vendedores.

Los clientes-vendedores se conectan emocionalmente con el líder-como-diseñador-extremo-humanista

Mi propuesta es que cada líder se convierte en un diseñador *de facto* y debe ser contratado por su sensibilidad al diseño completa. En una organización verdaderamente impregnada de diseño mindfulness / Humanismo extremo / Conexión emocional extrema, la «sensibilidad al diseño» es tan evidente en un curso de formación o en una campaña de medios sociales o en el enfoque de las actividades de limpieza de un hotel (¿recuerdas esas cortinas de baño de Conrad Hilton?) como en el producto o servicio vendido directamente al cliente que paga por él.

(Aclaración: Con esto no quiero sugerir que todos los líderes deban tener un título de una escuela de diseño como RISD, Parsons o Stanford. Lo que sugiero es que se demuestre cierto grado de sensibilidad estética [un contable que talla señuelos de pato como afición o que es un magnífico cocinero casero servirá] y esto también magnifica mi ferviente petición de más licenciados en Humanidades y menos MBA con especialización en finanzas o marketing).

Tarea 30A Piensa profundamente en: «*Había que entregarse espiritualmente; había que entregarse absolutamente*»,«*Tornillos épicos, con un significado más profundo* para internalizar la idea de diseño Mindfulness / Humanismo extremo / Conexión emocional extrema. Lo de «tornillos épicos» no deben verse como una frase ingeniosa sino como una forma muy seria en la que los diseñadores, y todo líder formal, ven el mundo, el producto o servicio, y el cliente externo o interno.

Yo lo llamo «el segundo Día D», el 10 de agosto de 2011 (el primero fue el desembarco de Normandía el 6 de junio de 1944). El 10 de agosto de 2011, la capitalización bursátil de Apple superó a la de ExxonMobil. La empresa basada en el diseño superó a la empresa basada en los recursos naturales y se convirtió en la corporación más valiosa de Estados Unidos. Después de eso, digo yo, el diseño ya no podía ser visto como algo ligero «bonito de hacer», «embellecimiento». Apple > ExxonMobil. Caso cerrado.

Esta es la esencia de la diferenciación sostenible. Puede que esta forma de pensar y de vivir de forma inmersiva no te resulte natural. Como ingeniero / MBA, no me resultaba natural. Pero eso debe cambiar. Para mí fue vincularme con gente como Donald Norman tras la aparición de sus libros *The Design of Everyday Things y*

Emotional Design; luego vino la gran suerte de tener mi oficina de Palo Alto prácticamente al lado del fundador de IDEO, David Kelley, que se convirtió en un amigo y mentor del diseño y en un motivador.

Me puse efectivamente al frente del «tren del diseño». Mi mujer es artista textil / tejedora de tapices. Yo ciertamente no lo soy. Pero mi aprecio y mi defensa de la excelencia en el diseño / el diseño emocional están por las nubes. Y ahora lo estoy refundando, con mayor énfasis —y, dados los tiempos que corren, con mucha más urgencia— como humanismo extremo.

Tarea 30B

Únete a mí en la aventura (excitante) (urgente) (diferenciadora) del humanismo extremo, de la forma que puedas. ¡Nuestras vidas profesionales dependen de ello!

6.31

Humanismo extremo. El diseño como alma. El diseño al servicio de la humanidad. El diseño como lo que somos

«La peculiar gracia de una silla Shaker se debe a que fue hecha por alguien capaz de creer que un ángel podría venir a sentarse en ella.»

—Thomas Merton, de *Religion in Wood: A Book of Shaker Furniture*, de Edward Deming Andrews y Faith Andrews

Tarea 31	¿Puedes aplicar esto en tu rincón del mundo, ya sea en el departamento de compras o en contabilidad? Mi respuesta inequívoca es SÍ.
Tarea 31B	Discute el tema y no dejes la reunión hasta que hayas conseguido trasladar el concepto de «capaz de creer que un ángel podría venir a sentarse» a tu nuevo producto o curso de formación.

«Exponte a las mejores cosas que han hecho los humanos y luego procura trasladar esas cosas a lo que estás haciendo.»

—Steve Jobs en «La entrevista perdida: Steve Jobs nos cuenta lo que realmente importa», por Steve Denning para *Forbes*

«De alguna manera, al preocuparnos, estamos sirviendo a la humanidad. La gente puede pensar que es una creencia estúpida, pero es un objetivo: es una contribución que esperamos poder hacer, de alguna manera, a la cultura».
—Jony Ive, diseñador en jefe de Apple

«Steve y Jony [Ive] discutían sobre las esquinas durante horas y horas.»
—Laurene Powell Jobs

«No tenemos un buen lenguaje para hablar de este tipo de cosas. En el vocabulario de la mayoría de la gente, diseño significa apariencia... Pero para mí, nada podría estar más lejos del significado del diseño. El diseño es el alma fundamental de una creación hecha por el hombre.»
—Steve Jobs

«Es justo decir que casi ningún vehículo nuevo en la memoria reciente ha provocado más sonrisas.»
—Tony Swan, «Detrás del volante», reseña del MINI Cooper S; *New York Times*

«El diseño es considerado como una religión en BMW.»
—*Alex Taylor*, "BMW Takes Its Own Route," *Fortune*

«Starbucks se había convertido en una empresa de carácter operativo, que se centraba en la eficiencia en lugar de en el romanticismo. Habíamos perdido el alma de la empresa.»
—Howard Schultz, en una entrevista en el *Financial Times*, sobre los problemas de Starbucks que hicieron que Schultz voviera a asumir el puesto de consejero delegado

El «romance» y el «alma» animan a toda la organización en las empresas impulsadas por el diseño / humanismo extremo. Y, como siempre, mis añadidos: Esto vale tanto para ese departamento de formación de nueve personas o esa consultoría de dos personas, como para Starbucks, Apple o BMW.

«Como ejecutivo de marketing, considero los negocios como una de las mayores aventuras de la empresa humana, si no la mayor. Pero no solo soy un hombre de negocios: también soy un romántico sin complejos. Creo que el mundo sería un lugar mejor si tuviéramos más romance en nuestras vidas. Creo que la emoción se come a la razón para desayunar. No soy un soñador, ni un idealista, ni un activista social. Soy un romántico de los negocios.»

—Tim Leberecht, exjefe de marketing de Frog Design, *The Business Romantic: Give Everything, Quantify Nothing, and Create Something Greater Than Yourself*

Tarea 31C

Considera / Reflexiona: «La mayor aventura del ser humano» / «romántico sin complejos» / «romántico de los negocios» / «La emoción come la razón en el desayuno». Ninguna de estas frases está «por sobre la otra». Todas son consistentes con la idea de «humanismo extremo», que, para repetir, veo como el diferenciador principal en la era de la IA. También sugeriría, tal vez una visión extrema, que estas ideas de diseño son especialmente adecuadas para esta horrible época del COVID-19. Gran diseño, como lo he hecho repetidamente y he enfatizado, se trata de cuidar y una organización dedicada a preocuparse, dejando los servicios y productos sin emociones del «menor costo y menos gente» detrás, y dedicándonos a producir productos y servicios que enriquezcan la vida de las personas».

Humanismo extremo: Lovemarks

«Los accionistas rara vez aman las marcas en las que han invertido. Y lo último que quieren es una relación íntima. Piensan que esto podría deformar su juicio. Quieren que se pueda medir, que el rendimiento sea cada vez mayor (siempre) y que no haya sorpresas (nunca). No es de extrañar que tantas marcas hayan perdido el hilo emocional que los había llevado a su extraordinario éxito y se convirtieran, en cambio, en unas seguidoras de métricas de la más baja calaña.

Busca la señal que diga: Aquí trabajan las cabezas, no los corazones...

Cuando sugerí por primera vez que el amor era la forma de transformar los negocios, los directores generales se sonrojaron y se escabulleron detrás de las cuentas anuales. Pero yo seguí con ellos. Sabía que lo que faltaba era el Amor. Sabía que el Amor era la única manera de subir la temperatura emocional y crear los nuevos tipos de relaciones que las marcas necesitan. Sabía que el amor era la única forma en que las empresas podían responder al rápido cambio de control hacia los consumidores.»

—Kevin Roberts, exdirector general de Saatchi & Saatchi, *Lovemarks: El futuro más allá de las marcas*

Humanismo extremo / Diseño y *mindfulness*
Manifestaciones en toda la organización
«Buscando románticos de negocios para unirse a nuestro equipo.»

De *The Business Romantic: Give Everything, Quantify Nothing, and Create Something Greater Than Yourself,* por Tim Leberecht:

«Buscamos un romántico de los negocios para unirse a nuestro equipo: Reportando al CEO, el romántico de los negocios ayudará a colegas, clientes, socios y a la sociedad en general a ver la belleza del mundo de los negocios con ojos frescos. Abrazando la esperanza como estrategia, el romántico de los negocios presentará narrativas cohesivas que den sentido a las conversaciones cada vez más complejas y fragmentadas del lugar de trabajo y del mercado. En lugar de centrarse en los activos y en el rendimiento de la inversión, el romántico de los negocios

expone los tesoros ocultos de los negocios y ofrece rentabilidad a la comunidad. EL romántico de los negocios desarrolla, diseña y ejecuta "actos de significación" que restauran la confianza nostálgica en las empresas como la empresa humana más impactante, y proporcionan al público interno y externo experiencias de marca y lugar de trabajo ricas en significado, deleite y diversión. Buscamos una persona emprendedora con un fuerte impulso empresarial, un gusto exquisito y un historial probado de gestión de lo inconmensurable. Las responsabilidades específicas incluirán, pero no se limitan a...»

Tarea 31D

Este es un anuncio de una oferta de trabajo real que tuvo una respuesta sobrecogedora. ¿Está lista tu organización para tener un romántico de los negocios?

Entre otras cosas, la importancia y la urgencia de la idea paraguas debería traducirse directamente, por ejemplo, en las prácticas de contratación. Es decir, para invadir toda la empresa con la apreciación del diseño *mindfulness* / humanismo extremo, tenemos que salpicar cada rincón con aquellos que tienen la formación y la experiencia adecuadas. No, no estoy sugiriendo que un graduado de la Escuela de Diseño deba ser necesariamente un miembro a tiempo completo del Departamento de Personas o del Departamento Financiero. Pero sí sugiero —muy directamente— que, cuando busquemos candidatos para ese puesto en el Departamento de Personas o en el de Finanzas, nos inclinemos, por ejemplo, por licenciados en Bellas Artes o en Teatro, o por currículos que reflejen un interés permanente por las artes. ¿Quieres que el diseño sea consciente en toda la empresa? Contrata en toda la organización a quienes tengan sensibilidades o disposiciones debidamente demostradas en sus currículos. (Esta noción se duplica o más respecto a las decisiones de promoción, de nuevo, en toda la empresa).

Tarea 31E

Contrata teniendo en cuenta la disposición estética en cada departamento. Formaliza los criterios.

Humanismo extremo / Diseño *mindfulness*
Creer que un ángel puede venir a sentarse

Estas son algunas de las partes más interesantes del material que acabamos de examinar:

«Deja un poco de tu corazón»

«Tornillos épicos, tornillos con un significado más profundo»

«Creer que un ángel podría venir y sentarse»

«Discutir acerca de las esquinas durante horas y horas»

«Servir a la humanidad preocupándote por ella»

«Traslada lo mejor que han hecho los humanos a lo que estás haciendo»

«Provocar más sonrisas»

«Religión»

«Romance»

«Alma fundamental»

Emoción > Razón

«Buscando un romántico del negocio»

«Crea algo más grande que tú mismo»

«Lovemarks»

«El amor es la única forma de responder ante el rápido cambio de control que fluye hacia los consumidores»

Tarea 31F

Por favor, reflexiona.

Mindfulness de diseño / Humanismo extremo

Ubicuidad del diseño / El diseño es tu próximo correo electrónico de cuatro líneas

«El diseño lo es todo.
Todo es diseño.
Todos somos diseñadores.»
—Richard Farson, *The Power of Design: A Force for Transforming Everything*

«Normalmente, el diseño es una franja vertical en la cadena de acontecimientos de la entrega de un producto. [En Apple, es] una franja larga y horizontal, en la que el diseño forma parte de cada conversación.»
—Robert Brunner, ex jefe de diseño de Apple, en «The Shape of Things to Come» de Ian Parker, *New Yorker*

El diseño forma parte instintivamente de cada decisión y, por tanto, de cada conversación. Es una tarea difícil. Pero, para repetirme por enésima vez (me importa mucho), hay pocas dudas de que el diseño consciente / el humanismo extremo en todo lo que hacemos será el principal diferenciador en los próximos años. *Para todas y cada una de las organizaciones.*

El diseño es:

La zona de recepción.

Los baños (¡¡¡!!!).

Diálogos en el centro de llamadas.

Cada «mapa» del proceso de negocio.

Cada correo y mensaje electrónico.

Cada orden del día de todas las reuniones, el marco de las mismas, etc.

Los primeros cinco minutos después de entrar en la oficina / los primeros tres minutos de una reunión virtual.

Cada contacto con el cliente.

Una consideración en cada decisión de promoción.

La presencia omnipresente de una «sensibilidad estética».

El MBWA / (*Managing By Wandering Around*—gestionar deambulando por la oficina) o el MBZA / (*Managing By Zooming Around*—gestionar con reunions virtuales) de cada mañana.

Una preocupación por el valor de nuestros productos y servicios para la humanidad.

Y más.

Tarea 31G	¿Compartís tú y tus colegas esta visión de la importancia del diseño? (Discútelo en profundidad).

6.32

Diseño / Excelencia / Humanismo extremo / Las últimas palabras: No solo la pureza, sino también lo bello y lo natural

«Rikyu observaba a su hijo Sho-an mientras barría y regaba el camino del jardín. "No está lo suficientemente limpio", dijo Rikyu, cuando Sho-an terminó su tarea, y le pidió que lo intentara de nuevo. Después de una hora de cansancio, el hijo se dirigió a Rikyu: "Padre, no hay nada más que hacer. Los escalones han sido lavados por tercera vez, las jardineras de piedra y los árboles están bien regados, el musgo y los líquenes brillan con un verdor fresco; no he dejado ni una ramita, ni una hoja en el suelo". "Joven tonto", reprendió el maestro de té, "esa no es la forma en que se debe barrer un camino de jardín". Diciendo esto, Rikyu entró en el jardín, sacudió un árbol y esparció por el jardín hojas doradas y carmesí, ¡retazos del brocado del otoño! Lo que Rikyu exigía no era solo la limpieza, sino también lo bello y lo natural.»

—Kakuzō Okakura, *El libro del té*

«Sentido, intuición, silencio, reflexión, localización, armonía y tiempo»

«Para que el diseño contribuya de forma sustancial a la cultura contemporánea, debe ir más allá de las soluciones instrumentales a lo que a menudo son problemas bastante triviales. Desde el diseño de muebles a los artículos domésticos, desde la electrónica a los servicios, la aspiración convencional y escasa del diseño de crear "deleite" y "placer" en el uso de las cosas del mundo nos ofrece poco más que una serie interminable de novedades... El diseño tiene que ir más allá esos dispositivos de deseo que nos incapacitan y desconectan de los demás y del propio mundo... Hoy en día, el diseño necesita abordar cuestiones muy diferentes... necesita tratar prioridades, valores y el sentido. Para buscar respuestas, debemos mirar al mundo de los encuentros reales y las experiencias vividas... El diseño tiene que ver con el significado, la intuición, el silencio, la reflexión, la localización, la armonía y el tiempo.»

—Stuart Walker, *Design for Life: Creating Meaning in a Distracted World*

«Solo una empresa puede ser la más barata. Todas las demás deben utilizar el diseño.»

—Rodney Fitch, *Fitch on Retail Design*

Humanismo extremo: Cómo empezar

El diseño emocional / el humanismo extremo / el romanticismo y otros son, en efecto, ideas cruciales. Prueba esta lista de lecturas...

Emotional Design: Why We Love (or Hate) Everyday Things, de Donald Norman

Enchantment: The Art of Changing Hearts, Minds, and Actions, de Guy Kawasaki

Lovemarks: El futuro más allá de las marcas, por Kevin Roberts

The Business Romantic: Give Everything, Quantify Nothing, and Create Something Greater Than Yourself, de Tim Leberecht

Design for Life: Creating Meaning in a Distracted World, de Stuart Walker

Tarea 32   Ningún otro tema de este libro requiere de más reflexión. Punto.

Lo que nos queda es nosotros mismos

Hablo mucho de la Inteligencia Emocional / empatía, del Humanismo Extremo, del Compromiso Extremo de los Empleados. Las organizaciones se construyen tradicionalmente sobre la lógica. Las escuelas de negocios predican la lógica. Pues bien, la IA va a usurpar más o menos todo eso. «Lo que nos queda» es nosotros mismos. Ser más humanos, gravitar sobre las «cosas suaves».

Tiempos extremos / Nombres de dominio adecuados para 2021

ExtremeHumanism.com
ExtremeSustainability.com
ExtremeCommunityEngagement.com
ExtremeEmployeeEngagement.com
ExtremeDesignMindfulness.com
RadicalPersonalDevelopment.com
HumanismOffensive.com
FerociousListening.com
AggressiveListening.com

Tarea 32B

Me gustaría convertir a cada una de estas direcciones de Internet en movimientos globales. ¡Se buscan voluntarios! (También, por supuesto, me gustaría que estos temas constituyeran parte del día a día de la vida organizacional, y por más quijotesca que sea la tarea, ver estos temas como prioritarios en la curricula de los MBA).

Estrategia de valor añadido n.º 2:

CSB
Cosas que Salen Bien

Experiencias emocionalmente atractivas

Experiencias que perduran

Pequeñas > Grandes

El mejor baño de Estados Unidos

7.33

Estrategia de valor añadido n.º 2:
Una avalancha de CSBs / Cosas que Salen Bien

Pequeño > Grande

El enorme abismo de los 8-80

Clientes que describen su experiencia de servicio como «superior»:
8 %
Empresas que describen la experiencia de servicio que ofrecen como «superior»: **80 %**

—Encuesta de Bain & Company sobre 362 empresas

CSBs / Cosas que Salen Bien al rescate

Una gran parte de cerrar lo que yo llamo la «brecha / abismo 8-80» (y es un abismo) viene a través de un camión de CSB agregadas. Y más que se añaden y se agregan.

Históricamente, las CSM/Cosas que Salen Mal eran una medida de calidad de primer orden, especialmente en la industria del automóvil. La calidad sigue siendo de suma importancia, pero el hecho es que la mayoría de las cosas funcionan bastante bien: una puntuación baja de CSM es imperativa, pero ya no es el potente diferenciador que era antes. Por lo tanto, sugiero un giro hacia el lado positivo de la ecuación, el numerador si se quiere: Distinción a través de toques especiales que yo llamo CSB / Cosas que Salen Bien.

Elijo las CSB, junto con una fuerte dosis de Dlseño Mindfulness, tal y como se ha comentado anteriormente, como los principales impulsores de la distinción-2021-que-permanece. Mi estilo, aunque de impacto estratégico, es en gran medida táctico, ya que se trata de ajustar y pulir nuestro servicio, en particular, y nuestra oferta de productos, creando «deleite» y «fans» y un impacto en el cliente que «no pueda vivir sin nosotros». Y, lo que es más importante, con la contribución de todos los miembros de la empresa. Las CSB son un asunto de «todas las manos posibles» y «siempre».

Tarea 33A	Determina formal o informalmente si sufres de tu propio «abismo 8-80». En empresas más grandes, esto podría resultar caro y llevar mucho tiempo. Pero lo vale. Incluso aunque sea pequeña, sugeriría alguna especie de medida cuantificada. Y como es habitual en estas páginas, insisto en que esto se aplica tanto a los departamentos internos como a las unidades orientadas al cliente. (Todos estamos en «unidades orientadas al cliente», ¿no es cierto? Algunos son clientes externos, algunos clientes internos…, pero cliente significa cliente, con todo lo que eso implica).
Tarea 33B	Con una evaluación previa, reflexiona sobre la misma, y actúa sobre una cultura que incorpore las CSB por parte de todos. ¿Cuándo comenzar?: AHORA, ¿Cuando terminar?: NUNCA.

7.34

Sé el mejor. Es el único mercado que no está abarrotado

Jungle Jim's / un gran CSB. El mejor baño de América

Retail Superstars de George Whalin es una obra maestra. Veinticinco estudios de casos sin igual / imaginativos de megadiferenciadores, independientes que se enfrentaron —y vencieron— a la grandiosa Big Box; y, hasta la fecha, a Amazon. Todos y cada uno producen y dirigen su versión de… «EL MAYOR ESPECTÁCULO DEL MUNDO».

Por ejemplo:

Mercado internacional *Shoppertainment* Jungle Jim's*, de Fairfield, Ohio

(*Al fundador Jim Bonaminio solo puede apodárselo «Jungla»)
De *Retail Superstars*:

«Una aventura de entretenimiento para los compradores... una tienda de 28.000 metros cuadrados con 150.000 productos alimenticios de 75 países y 50.000 visitantes semanales de todo el mundo.»

Jungle Jim's = un gran ejemplo de CSB / un millón de «pequeños» (¡o a veces no tan pequeños!) diferenciadores:

«Un león mecanizado de dos metros de altura entretiene a los compradores cantando Jailhouse Rock de Elvis Presley...»

«La exposición del bosque de Sherwood en English Foods se completa con un Robin Hood que habla...»

«Un antiguo camión con una Cabeza de Jabalí que cuelga sobre la tienda de delicatessen.»

«Un rickshaw de tamaño natural se encuentra en Chinese Foods...»

«Una calesa amish tirada por caballos se encuentra en el sector de Carnes...

«Un antiguo camión de bomberos sobre el expositor de salsa picante [hay 1400 opciones de salsa]»

«Coches de choques de Coney Island llenos de caramelos en el Departamento de Caramelos».

Y en la punta de la lista de CSB de Jungle Jim (según mi punto de vista):

«Los dos baños para hombres y mujeres situados en la zona delantera de la tienda parecen pertenecer a los transitorios de

una obra en construcción y no a una tienda de alimentación. Pero son falsas fachadas, y una vez que se atraviesan las puertas, los clientes se encuentran en unos baños muy bien decorados.

Estas creativas instalaciones fueron reconocidas en 2007 como "Los mejores baños de Estados Unidos en el sexto concurso anual patrocinado por Cintas Corporation, proveedor de productos de limpieza e higiene de baños".»

Si yo fuera un negocio minorista, no habría ningún premio de ningún tipo, incluido el legendario premio Baldrige, que preferiría ganar.

La acertada evaluación de Whalin sobre la estrategia de sus veinticinco superestrellas independientes:

Tarea 34

Deja que Jungle Jim sea un modelo a seguir. Es decir deja que tu imaginación vuele. Mira en busca de manifestaciones de CSB. No te detengas hasta haber robado una lista de ideas locas, de al menos veinte. ¡Involucra a todos!

Comienza: HOY
Termina: NUNCA

7.35

CSB: Pequeño > Grande

Hacer CSB: un rasgo cultural

«Las cortesías de carácter pequeño y trivial son las que golpean más profundamente en el corazón agradecido y apreciativo.»
—Henry Clay

Este fue el epígrafe de mi libro, *The Little Big Things* (Las pequeñas grandes cosas), y un punto de referencia en mi vida, presentado como mi tesis doctoral de 1977 sobre las «pequeñas victorias». La investigación demostró el hecho de que los recuerdos de las triviales cortesías (CSB) pueden durar fácilmente toda la vida.

«No olvidemos que las pequeñas emociones son los grandes capitanes de nuestras vidas.»
—Vincent Van Gogh

Y recuerda el epígrafe de la sección inicial de EXCELENCIA de este libro:

«No recordamos los días, sino los momentos.»
—Cesare Pavese, poeta

«Pequeño > Grande.»

—Henry Clay, Vincent van Gogh, Cesare Pavese, Tom Peters (sí, me he tomado una pequeña licencia poética)

La «obsesión por lo pequeño» es una cuestión de cultura, es decir, un entorno en el que todos y cada uno están en sintonía y obsesionados con las pequeñas cosas que son, en conjunto, los puntos de diferenciación más significativos.

Tarea 35A

El concepto Pequeño > Grande es, de hecho, difícil de vender. Estamos martillados para lograr «Saltos significativos» y «estrategias de gran éxito». Entonces, ¿cómo convertir a toda una organización en un lugar con manía por las CSB? (Esto, como yo lo veo, es algo que debe hacerse ahora. Pocas cosas en estas páginas son más importantes.)

Tarea 35B

Tarea de lectura: *The Power of Small: Why Little Things Make All the Difference*, por Linda Kaplan Thaler y Robin Koval. *The Manager's Book of Decencies: How Small Gestures Build Great Companies*, por Steve Harrison, Adecco.

CSB / Hacer CSB: Un rasgo cultural

La base del humanismo extremo

Las CSB no es un acto aislado. Es el producto de una estrategia organizativa y, sobre todo, de una cultura que anima y apoya enérgicamente al 100 % del personal a «ir más allá» para inventar y añadir rutinariamente —y sin «permiso»— toques que marcan una enorme diferencia acumulativa. Lo que podría decirse que es nada menos que el pilar del humanismo extremo.

Un proceso de CSB apoya la espontaneidad del personal. «Pruébalo.»

Un proceso de CSB se caracteriza por... un aplauso continuo. Es decir, reconocer públicamente con regularidad a los que prueban lo nuevo, a los que van más allá.

Hacer CSB es una forma de vida muy arraigada.

Hacer CSB da grandes cifras en la cuenta de resultados.

Aunque cada trocito sea diminuto, las CSB colectivamente son... estratégicas.

Tarea 35C	Imagínate cómo sería una organización en la cual las CSB estuvieran por todos lados: ¿cómo dar los primeros pasos? (Repite: este es un tema muy importante).

Estrategia de valor añadido n.º 3:

Enfoque de nivel superior

Mejor, en lugar de más barato

Ingresos, antes que costes

No hay otras reglas

8.36

Estrategia de valor añadido n.º 3:
Enfoque de nivel superior

Mejor, en lugar de más barato

Ingresos, antes que costes

No hay otras reglas

Toma n.º 1: De *The Three Rules: How Exceptional Companies Think*

1. Mejor, en lugar de más barato
2. Mejor tocar ingresos, antes que los costes
3. No hay otras reglas

Los consultores de Deloitte tomaron una muestra de 45 años de rendimiento de 25.000 empresas, y finalmente redujeron la lista a 27 superestrellas de las que extrajeron las tres reglas, que inspiraron el título del libro, del que son coautores Michael Raynor y Mumtaz Ahmed.

Toma n.º 2: «Tres estrategias para dominar en una economía que da miedo» / Conclusiones de los que tienen un rendimiento superior:

«Gestionan para obtener valor [es decir, valor a largo plazo, no para obtener ganancias a corto plazo].»

«Se centran radicalmente en el cliente.»

«Siguen desarrollando el capital humano.»

—Geoff Colvin, *Fortune*

Con demasiada frecuencia, sobre todo entre las grandes empresas de la lista Fortune 500 que se aferran a la maximización del valor para el accionista a corto plazo, la reducción de costes y el consiguiente desecho de cadáveres son las tácticas estratégicas preferidas. Sin embargo, en los dos análisis exhaustivos y fiables que se examinan aquí, el aumento de los ingresos mediante la excelencia de los productos y servicios se llevó el oro.

Estrategia de valor añadido n.º 4:

No tiene por qué ser una *commodity*

El garaje como icono cultural

El fontanero como artista

Tema   Tarea

9.37

Estrategia de valor añadido n.º 4:
No tiene por qué ser una *commodity*

El garaje como icono cultural

El fontanero como artista

Excelencia en aparcamientos: *«Carcitecture»*

Derivado de la obra de Bill Taylor (magnífica) *Simply Brilliant: How Great Organizations Do Ordinary Things in Extraordinary Ways:*

1111 Lincoln Road.

Esa dirección se ha convertido en un hito de Miami Beach. Por ejemplo, cuando LeBron James, entonces en los Miami Heat y el mejor jugador de baloncesto del mundo, presentó su undécima

zapatilla Nike, lo celebró con una algarabía de primer orden en...
1111 Lincoln Road.

¿En qué consiste esta dirección especial?

¡Un aparcamiento para 300 coches!

El promotor Robert Wennett quería «reinterpretar la visión original de Lincoln Road, establecida en 1910». Entre otras muchas cosas, eso significaba contar con un cambio de imagen diseñado por los mundialmente conocidos arquitectos suizos Herzog & de Meuron. El producto era, según un miembro de la prensa, *carcitectura*, una «inimaginable unión de arquitectura de alto nivel y almacenamiento de coches».

El 1111 de Lincoln cuenta, entre otras cosas, con arte público y una gran escalera (los corredores se ejercitan allí todas las mañanas, y muchos van a clases de yoga en el garaje). Wennett lo define como un «espacio cuidado que proporciona una experiencia, contando una historia».

El propio Wennett ha vivido en un ático en la parte superior del garaje.

¿Esto es «exagerado»? Por supuesto. Pero también es una empresa muy rentable, un cambio en la comunidad y un acto de imaginación sin parangón.

¿Un parking-garaje es una *commodity*?
¿Quién lo dice...?

¿EXCELENCIA en aparcamientos? ¿Por qué no?
¿Aparcamiento con HUMANISMO EXTREMO? ¿Por qué no?
¿Garaje PARAÍSO DE LAS CSB en la TERRENAL MIAMI? ¿Por qué no?

Simply Brilliant presenta un montón de ejemplos de pymes inspiradoras e improbables.

Valor añadido / Excelencia / El fontanero local

El fontanero local (o el electricista o el pintor o...) no tiene por qué prestar un servicio que sea una *commodity*...

· **si** conoce bien su trabajo

· **si** es un estudiante obsesivo, que aprende habitualmente nuevos trucos

· **si** tiene una disposición ganadora (por hacer grandes cosas)

· **si** se presenta a la hora en punto

· **si** está bien vestido

· **si** tiene una camioneta impecable (incluso en pleno invierno)

· **si** soluciona el problema de forma elegante y oportuna, y explica claramente lo que hizo y por qué lo hizo así o asá

· **si** limpia de tal forma que después el cliente pueda «comer en el suelo de la obra»

· **si** se ofrece a hacer gratis algunas pequeñas tareas ajenas a la que tiene entre manos

· **si** llama («llamar» = teléfono, no correo electrónico) 24 horas después para asegurarse de que todo va bien

· **si**, tal vez, crea un blog con consejos para su clientela como hizo una pequeña empresa de piscinas de Virginia que se convirtió en la mejor del mundo gracias a una estrategia de redes sociales de este tipo (véase más abajo)

- **si**, etc., etc.

¡¡No es una *commodity*!!

Yo llamo a esta *descommoditización* y a la búsqueda incesante de la excelencia EDQVPP / Extrema Distinción por la Que Vale la Pena Pagar. (Y también, por lo que vimos en el último capítulo: CSB con esteroides).

Esto también es el núcleo de la creación de empleo a medio y largo plazo. Nuestro fontanero-electricista, que añade valor, ve cómo se dispara la demanda a través de recomendaciones boca a oreja. Lo siguiente es que el espectáculo de una persona se convierte en un espectáculo de tres personas, y luego en un espectáculo de seis personas. No solo nuevos trabajos, sino buenos trabajos, dado el compromiso de nuestro fontanero-electricista con la excelencia y con el aprendizaje constante de nuevos trucos del oficio. El siguiente paso es, por ejemplo, asociarse con el centro local de formación profesional y convertir «todo esto» en un esfuerzo de mejora de la comunidad, de creación de empleo y de no ser una *commodity*. Etcétera.

Tarea 37	Reflexiona sobre estos dos ejemplos: el estacionamiento y el fontanero local. La diferenciación salvaje-loca-inimaginable-genial puede ocurrir... en cualquier sitio. Busca operaciones con personas de muy alta reputación. Únete a mí, el tipo de *En busca de la excelencia,* en una búsqueda personal de la EXCELENCIA que te diferenciará de la multitud. (Bonificación: es muy divertido ser el mejor fontanero-electricista-sastre de la ciudad).

Tema

Estrategia de valor añadido n.º 5:

Servicios (de todos los sabores imaginables) añadidos

«Haremos cualquier cosa por usted.»

De un departamento al estilo «centro de costes» a un departamento que sea una superestrella de valor añadido de servicios profesionales

10.38

Estrategia de valor añadido n.º 5:
Servicios (de todos los sabores imaginables) añadidos

«Haremos cualquier cosa por usted.»

De un departamento al estilo «centro de costes» a un departamento que sea una superestrella de valor añadido de servicios profesionales

Los fabricantes de motores de avión que se convierten en maestros de la logística

«Rolls-Royce gana ahora más con tareas como la gestión de las estrategias generales de compra de los clientes y el mantenimiento de los motores aeroespaciales que vende que con su fabricación.»

—*The Economist*, «Al rescate: Los nuevos líderes de Gran Bretaña son contadores de cuentas y artistas del PowerPoint».

uPs a uPS / La empresa UPS (United PARCEL Services) se convierte en *United PROBLEM SOLVERS* (Solucionadores de problemas unidos)

«La nueva bolsa marrón: UPS aspira a ser el gestor de tráfico de las empresas estadounidenses.»

—Titular de *Bloomberg Businessweek*

«Se trata de dar soluciones. Hablamos con los clientes sobre cómo gestionar mejores cadenas de suministro, más fuertes y más baratas. Tenemos 1000 ingenieros que trabajan con los clientes...»

—Bob Stoffel, ejecutivo de UPS, en una entrevista con *Fortune*

United Problem Solvers es un compromiso por el servicio. UPS ahora prospera, no solo llevando paquetes a las casas, sino gestionando (a menudo asumiendo) la logística completa de la cadena de suministro de otros.

Tarea 38A Para sobrevivir en el feroz y revuelto mercado actual, una empresa / unidad organizativa de cualquier tipo necesita expandir sus alas, para buscar y encontrar continuamente nuevas formas de ayudar a sus clientes. Entre otras cosas, esto requiere un estado de intimidad extrema con el cliente. En pocas palabras, a partir de hoy, presta atención hacia la comprensión de los negocios y el equipo del cliente, de arriba a abajo, ¡y conócelo mejor que el propio cliente! Lo que requiere una gran cantidad de tiempo y esfuerzo. No se trata de que sea una buena idea sino que es una necesidad estratégica de supervivencia.

Servicios añadidos

Cambiar de «centros de costes» a superestrellas del valor añadido

Salva millones de puestos de trabajo

Soy lo suficientemente arrogante como para creer que podríamos haber salvado un millón de puestos de trabajo si la gente me hubiera escuchado. Pero aún no es demasiado tarde; de hecho, ahora es la última oportunidad antes de que el huracán de la IA llegue a la costa.

Uno de mis libros menos vendidos fue:

The Professional Service Firm50: Fifty Ways to Transform Your «Department» into a Professional Service Firm Whose Trademarks Are Passion and Innovation

El poco querido «PSF 50», como lo llamábamos mis colegas y yo para abreviar el título, era un largo alegato para transformar un «departamento burocrático de centro de costes», siempre a punto de ser externalizado, en un centro de excelencia innovador, de categoría mundial y rico en propiedad intelectual (un PSF energizante) que añadiera un valor incalculable a la empresa matriz.

Así es como podría haberse desarrollado la historia:

Tarea 38B

La subunidad del departamento de compras especializada, por ejemplo, en adquisición de tecnología y se reencarna como «Adquisición de Tecnología S. A.». La subunidad, que consta de catorce personas en su «centro de costes», se convierte en una empresa de servicios profesionales de pleno derecho integrada (al menos por ahora) en ese departamento de compras de 50 personas que conforma una unidad de negocio de 200 millones de dólares en, quizás, una corporación de 3000 millones de dólares. Nuestro reencarnado centro de costes, ahora llamado Adquisición de Tecnología S. A., recordemos, pretende ser «el mejor de su sector». No el mejor «departamento» de la división o de la empresa, sino la mejor organización de compras tecnológicas de, digamos, todo el sector.

El producto de Adquisición de Tecnología S. A. (paquetes de servicios) desprendería excelencia y *Uau*. Su propiedad intelectual crecería como la espuma y alcanzaría notoriedad. Adquisición de Tecnología S. A. añadiría un inmenso valor a la corporación en su conjunto y también realizaría importantes trabajos externos.

«Resultado final» (cuando se escribió el libro de las FSP, y aún más hoy en día): Un «departamento / centro de costes», listo para externalizar su propuesta, se convierte en una parte inestimable de la propuesta de valor de la empresa matriz. (Y, en general, los puestos de trabajo de ese departamento se quedan donde están... en casa. Tal vez algunos de esos «millones de puestos de trabajo que podrían haberse salvado», como sugerí con arrogancia).

Estrategia de valor añadido n.º 6:

Una estrategia audaz en las redes sociales

La regla «20-5»

Un tuit >
Un anuncio de la Super Bowl

Tú eres tu estrategia en las redes sociales

11.39

Estrategia de valor añadido n.º 6: Una estrategia audaz en las redes sociales

La regla «20-5»

Un tuit > Un anuncio de la Super Bowl

Tú eres tu estrategia en las redes sociales

N.º 1: 20 años por el desagüe en cinco minutos

«Lo que antes era "boca a boca" es ahora "click a click". Estás creando o embajadores de tu marca o terroristas de ella...

El cliente tiene el control total de la comunicación...

Los clientes esperan información, respuestas, productos, respuestas y resoluciones antes que tan pronto como sea posible.

Se necesitan veinte años para construir una reputación y cinco minutos para arruinarla.»

—Warren Buffett de «Warren Buffett's Boring, Brilliant Wisdom» de Brad Tuttle, *Time*

N.º 2: Un tuit > Un anuncio de la Super Bowl

«Prefiero entablar una conversación en Twitter con un solo cliente que ver cómo nuestra empresa intenta atraer la atención de millones de personas en un codiciado anuncio de la Super Bowl. ¿Por qué? Porque el hecho de que la gente hable de tu marca directamente contigo, conectando realmente de tú a tú, es mucho más valioso, por no decir mucho más barato... Los consumidores quieren hablar de lo que les gusta, de las empresas a las que apoyan, de las organizaciones y los líderes no les gustan. Quieren una comunidad. Quieren ser escuchados.»

—Peter Aceto, director general de Tangerine, empresa pionera de servicios financieros en Canadá

Un tuit > Un anuncio de la Super Bowl. Eso es un mero bocado. Léelo dos veces. (Para tu información: de una fuente fidedigna).

N.º 3: Pequeña empresa de Virginia / Potencia mundial

«Hoy, a pesar de ser una pequeña empresa de piscinas en Virginia, tenemos el sitio web de piscinas con más tráfico del mundo. Hace cinco años, si me hubieran preguntado... qué hacemos, la respuesta habría sido sencilla: "Construimos piscinas de fibra de vidrio enterradas". Ahora decimos: "Somos los mejores maestros del mundo en el tema de las piscinas de fibra de vidrio, y resulta que también las construimos".»

—Marcus Sheridan, «River Pools and Spas», en el libro *Youtility* de Jay Baer

Nota: Empresa pequeña. Ciudad pequeña. Un éxito mundial. Mensaje: Una oportunidad universal por cortesía de los medios sociales. Así que…

N.º 4: Medios de comunicación social / Todo el mundo es «parte de la marca»

Kilómetros (y kilómetros) más allá del «empoderamiento»

Tú *eres* tu estrategia en las redes sociales

«Las siete características del «empleado social»

1. Comprometido
2. Espera la integración de lo personal y lo profesional
3. Se adhiere a la historia de la marca
4. Colaborador nato
5. Escucha
6. Centrado en el cliente
7. Agente de cambio empoderado

—Cheryl y Mark Burgess, *The Social Employee: How Great Companies Make Social Media Work*

Mensaje: Los medios sociales son un asunto de «todos». ¿Y el resultado final? Tú eres tu estrategia en las redes sociales, te guste o no, te define. (Y aún no hemos visto nada).

Tarea 39 A	Asigna una «puntuación de audacia y minuciosidad» a la actividad en tus redes sociales. Ponte a trabajar hoy mismo si ese puntaje es inferior a *Uau*. (¿Qué y a quién le compete esto? A t-o-d-o-s).
Tarea 39 B	Se necesita: Un miembro del equipo ejecutivo cuyo enfoque sean los medios de comunicación social.

Estrategias de valor añadido n.º 7 y n.º 8:

Las mujeres compran T-O-D-O y los de marketing (todavía) no lo captan

Los *oldies* tienen T-O-D-O el dinero y los de marketing (todavía) no lo captan

12.40

Estrategia de valor añadido n.º 7: El gigantesco mercado femenino desatendido de más de 28 billones de dólares

«Olvídate de China, India e Internet: El crecimiento económico lo impulsan las mujeres.»

—«La importancia del sexo», *The Economist*

«Las mujeres dirigen ahora la economía mundial. Controlan 20 billones de dólares en gasto de consumo, y esa cifra podría ascender a 28 billones [en cinco años]... En conjunto, las mujeres representan un mercado en crecimiento mayor que el de China e India juntas; de hecho, es más del doble que China e India juntas".»

—Michael Silverstein y Kate Sayre, *«The Female Economy»*, *Harvard Business Review*

Mi traducción: W > 2× C+I = $28B. (El mercado de las mujeres es más del doble [2×] que el de China + India y ya ha sumado 28.000.000.000.000 de dólares).

*«Las mujeres son **el** mercado mayoritario.»*

—Fara Warner, *The Power of the Purse*

Cuota de las mujeres en las compras / EE.UU.

Mobiliario del hogar… 94 %

Vacaciones… 92 %

Casas… 91 %

Electrónica de consumo… 51 %

Coches… 68 % (influyen significativamente en la decisión de compra… 90 %)

Todas las compras de los consumidores… 83 %

Cuenta bancaria, elección del proveedor… 89 %

Decisiones de inversión… 67 %

Préstamos para pequeñas empresas / Creación de pequeñas empresas… 70 %

Atención sanitaria (todos los aspectos de la toma de decisiones)… 80 %

Filantropía (las mujeres dan un 156 % más que los hombres), decisiones… 90 %

—Varias fuentes

Y: en Estados Unidos, las mujeres ocupan más del 50 % de los puestos directivos en general, incluido más del 50 % de los puestos de responsables de compras. Por lo tanto, podría decirse que las mujeres también toman la mayoría de las decisiones de compra comercial.

Las mujeres compran T-O-D-O: Womenomics

Súmale:

Las mujeres: n.º 1 en compras de consumo

Las mujeres: n.º 1 en compras comerciales.

= Las mujeres compran… todo

—Varias fuentes

«Una cosa es cierta: El ascenso de las mujeres al poder, que está vinculado al aumento de la riqueza per cápita, se está produciendo en todos los ámbitos y en todos los niveles de la sociedad... Esto es solo el principio. El fenómeno no hará más que crecer a medida que las chicas demuestren tener más éxito que los chicos en el sistema escolar. Para algunos observadores, ya hemos entrado en la era de la womenomics, la economía pensada y practicada por una mujer.»

—Aude Zieseniss de Thuin, Foro de Mujeres para la Economía y la Sociedad, «Las mujeres son el motor del crecimiento mundial», *Financial Times*

Y... y... y...

«22 billones de dólares en activos pasarán a las mujeres en 2020.»

—TheStreet, (2015: «22 billones de dólares en activos pasarán a las mujeres en 2020: Why Men Need to Watch Out». Para tu información: ha ocurrido según lo previsto).

Lecturas relacionadas

Marketing to Women: How to Increase Your Share of the World's Largest Market, de Marti Barletta

The Power of the Purse: How Smart Businesses Are Adapting to the World's Most Important Consumers— Women, de Fara Warner

Why She Buys: The New Strategy for Reaching the World's Most Powerful Consumers, de Bridget Brennan

What Women Want: The Global Marketplace Turns Female Friendly, de Paco Underhill

The Soccer Mom Myth: Today's Female Consumer, Who She Really Is, Why She Really Buys, de Michele Millerand y Holly Buchanan

Invisible Women: Data Bias in a World Designed for Men, de Caroline Criado Perez

Tarea 40

D-E-S-A-C-E-L-E-R-A. Esto es muy importante. No te apresures. Utilizando especialmente fuentes externas, haz una evaluación de tu orientación al mercado. Los asesores deben ser principalmente mujeres.

12.41

Dominar el mercado femenino

¿Puedes pasar la «prueba de entrecerrar los ojos»?

Un indicador de la disposición a aprovechar esta colosal oportunidad del mercado femenino es la realización de lo que yo llamo la «prueba de entrecerrar los ojos».

1. Mira una fotografía de tu equipo ejecutivo.
2. Entrecierra los ojos.

3. ¿La composición del equipo se parece más o menos a la composición del mercado al que pretende servir? Por ejemplo, si las mujeres compran el 70 % de sus productos y servicios (de consumo y/o comerciales), ¿revela esa mirada un equipo superior fuertemente cargado de mujeres, al menos al 50 %? Si no es así, ¿por qué no?

Hay numerosas razones para que haya una fuerte proporción de mujeres en los puestos de responsabilidad. La justicia social es una de ellas. El hecho de que las investigaciones demuestren sistemáticamente que las mujeres son mejores líderes es otra (véase la Tarea 1.5 en la página 66). Pero en este caso, simplemente estoy sugiriendo —por razones de conciencia de mercado y crecimiento y rentabilidad— que, en mi opinión, el verdadero equilibrio de género (o el liderazgo superior inclinado hacia las mujeres, es decir, mayor que un 50 por ciento), en consonancia con las realidades actuales o potenciales del mercado, tiene sentido desde el punto de vista económico.

(Para tu información, hay un estadio lleno de investigaciones sobre la incomprensión del mercado femenino por parte de los hombres, desde el diseño hasta el marketing y la distribución. Por ejemplo, los hombres, con algunas excepciones, no pueden diseñar eficazmente para las preferencias de las mujeres. Y admito que disfruto con la tormenta de fuego que se desata cuando digo esto en un discurso).

Tarea 41 ¿Puedes pasar la prueba de entrecerrar los ojos? Si no, comienza ya a mejorar. Muévete rápido. No busques excusas (no hay excusas válidas).

Nota conclusiva y pregunta

Tarea n.º 1.5 (página 66): Las mujeres son las mejores líderes, negociadoras, vendedoras e inversoras. Tareas 40 y 41 (páginas 199 y 202): Las mujeres compran… todo. En términos sencillos, ¿está tu organización alineada con estos dos conjuntos de conclusiones? La eficacia de la organización y el rendimiento del mercado y, me atrevo a decir, la excelencia, dependen de tu respuesta a la pregunta planteada inmediatamente antes.

12.42

Estrategia de valor añadido n.º 8: El gigantesco y muy desatendido mercado de «Los viejitos (*oldies*)»

Los *oldies* tienen todo el dinero. ¿Cómo es posible que los de marketing sean tan despistados?

«Age Power (el poder de la edad) gobernará el siglo XXI, y estamos lamentablemente poco preparados.»
—Ken Dychtwald, *Age Power: How the 21st Century Will Be Ruled by the New Old*

«La Nueva Mayoría de Clientes, de 44 a 65 años, es el único mercado de adultos con perspectivas realistas de crecimiento significativo de las ventas en docenas de líneas de productos para miles de empresas.»

—David Wolfe y Robert Snyder, *Ageless Marketing: Strategies for Reaching the Hearts and Minds of the New Customer Majority*

50@50

«Las personas que hoy cumplen 50 años tienen la mitad de su vida adulta por delante.»

—Bill Novelli, exdirector general de AARP, *50+: Igniting a Revolution to Reinvent America*

Por ejemplo…

«El hogar estadounidense medio compra trece coches nuevos en su vida, siete de ellos después de que el cabeza de familia cumpla 50 años.»

—Bill Novelli, *50+: Igniting a Revolution to Reinvent America*

Esta fue una de esas estadísticas que puso de manifiesto muchas cosas en pocas palabras: *a mitad de camino a los 50 años.* (Profesionales del marketing, idiotas —perdón—, escuchen bien).

«Los hogares encabezados por alguien de 40 años o más disfrutan del 91 % del patrimonio neto de nuestra población. El mercado maduro es el mercado dominante en la economía estadounidense, realizando la mayoría de los gastos en prácticamente todas las categorías.»

—Carol Morgan y Doran Levy, *Marketing to the Mindset of Boomers and Their Elders*

55-64 vs. 25-34:

Coches nuevos: un 20 % más de gasto por parte de los de 55 a 64 años que de los de 25 a 34

Comidas en restaurantes de servicio completo: +29 %

Billetes de avión: +38 %

Equipamiento deportivo: +58 %

Vehículos recreativos motorizados: +103 %

Vino: +113 %

Mantenimiento, reparaciones y seguro del hogar: +127 %

Viviendas de vacaciones: +258 %

Servicios de limpieza y jardinería: +250 %

—Marti Barletta, *PrimeTime Women*

«Cincuenta y cuatro años ha sido el punto de corte más alto para cualquier iniciativa de marketing en la que haya participado. Lo cual es bastante extraño si tenemos en cuenta que los 50 años es justo el momento en el que la gente que ha trabajado toda su vida empieza a tener algo de dinero para gastar. Y el tiempo para gastarlo...

Las personas mayores tienen un problema de imagen. Como cultura, estamos condicionados hacia la juventud... Cuando pensamos en la juventud, pensamos en "energía y colorido"; cuando pensamos en la mediana edad o "madurez", pensamos en "cansado y agotado", y cuando pensamos en "viejo" o "sénior", pensamos en "agotado y gris" o, más probablemente, simplemente no pensamos. Las cifras económicas son absolutamente indiscutibles: el mercado maduro tiene el dinero. Sin embargo, los anunciantes siguen siendo asombrosamente indiferentes a ellos.»

—Marti Barletta, *PrimeTime Women*

«Los intentos de los profesionales del marketing por llegar a los mayores de 50 años han sido miserablemente infructuosos.

No hay ningún mercado cuyas motivaciones y necesidades se conozcan tan mal.»

—Peter Francese, editor de *American Demographics* en un discurso de 1992

(¡Por favor, vuelve a leer!)

«Los oldies no "tienen el dinero". Tenemos TODO el dinero.»
—Tom Peters

Para tu información: «Los viejos tienen todo el dinero» es tan solo una pequeña exageración:

1. Tenemos (más o menos) todo el dinero.
2. Nos queda mucho tiempo para gastarlo.
3. Y, en general, se han pagado las facturas de la hipoteca y de la educación de los hijos.
4. Tenemos el Santo Grial: ingresos discrecionales.

Tarea 42A	Este análisis es irremediablemente incompleto. Por ejemplo, ¿qué es el desarrollo y marketing de productos efectivos para *oldies*? Por un lado, recuerda el comentario de la sección anterior sobre que los hombres no pueden diseñar para las mujeres. En relación a esta sección: ídem. En general, los *youngies* no pueden diseñar efectivamente para *oldies*. Tampoco hacer el marketing adecuado para ellos. Etcétera. En pocas palabras, para aprovechar esta enorme oportunidad podría decirse que requiere una realineación estratégica de la empresa—de arriba a abajo.
Tarea 42B	En relación con la edad y la representación, aplica la prueba de entrecerrar los ojos que vimos en la Tarea 41 a tu marketing y grupo de desarrollo de producto: esta vez la prueba de fuego es la edad.

12.43

Últimas palabras: Estrategias de valor añadido n.º 7 y n.º 8

Megaoportunidades perdidas

Una gran estupidez estratégica*

(*Palabra fuerte... elegida con cuidado)

Un estudio reciente (2019) ha revelado que los hombres están ampliamente representados en los puestos de liderazgo de los servicios financieros. Y, sin embargo, las mujeres toman la mayor parte de las decisiones financieras. Y son inversoras más exitosas que los hombres.

Asimismo, hablamos incesantemente de las tendencias de los *millennials* y seguimos ignorando de hecho el «mercado de los *oldies* (viejitos)», como yo lo llamo. Por ejemplo, los *oldies* compran el 50 % de los bienes y servicios, pero son el objetivo de solo el 10 % del gasto en marketing.

La enormidad de estas dos oportunidades de mercado, que llevo estudiando y de las que despotrico desde hace 20 años, y la lamentable respuesta de las empresas en general es para mí uno de los mayores misterios de mi vida profesional.

Tarea 43A	Vuelve a leer estas dos secciones. Si estás de acuerdo, ¿cómo podrías no estarlo? ¿Qué vas a hacer hoy para iniciar el proceso de examinar dónde te encuentras y adónde podrías llegar? De hecho, pon este tema en todas las agendas. Ahora.
Tarea 43B	Recuerda la «prueba de entrecerrar los ojos». Ahora realízala de verdad y mira una foto del equipo ejecutivo. El equipo de marketing. Los equipos de desarrollo de productos. El equipo del departamento de personas. El equipo de compras. ¿Cada una de estas imágenes se ve aproximadamente como el mercado que atiendes? Por ejemplo: Mujeres. Negros. Hispanos. *Oldies*. Blancos. Otros. Bríndate, si estás en un puesto nivel sénior («sénior» significa no solo el CEO sino al menos todas las capas superiores de gestión), un año para realizar este cambio estratégico. Doce meses después, repite la prueba de entrecerrar los ojos. Esperemos que con diferente resultado, quizás radicalmente diferente. Nota: Esto se aplica a organizaciones de 25 personas, incluso una de 12 personas, tanto, o incluso más, que a las grandes organizaciones. (Podría decirse que esta no es una «prioridad estratégica». Es *la* prioridad estratégica).

12.44

Resumen de las ocho estrategias de valor añadido

Estrategia de valor añadido n.º 1: Primacía del diseño / Humanismo extremo. El diseño como alma. El diseño es lo que somos. Un espejo tan grande como un apósito.

Estrategia de valor añadido n.º 2: CSB / Cosas que Salieron Bien. Experiencias emocionalmente atractivas. Experiencias que perduran. Pequeño > Grande.

Estrategia de valor añadido n.º 3: Enfoque de nivel superior. Mejor, en lugar de más barato. Mejor tocar los ingresos antes que los costes. No hay otras reglas.

Estrategia de valor añadido n.º 4: No tiene por qué ser una *commodity*. «Icono cultural». El fontanero como artista.

Estrategia de valor añadido n.º 5: Servicios añadidos. «Haremos cualquier cosa y más por usted.»

Estrategia de valor añadido n.º 6: Una estrategia audaz en las redes sociales / La regla «20-5». Un tuit > Un anuncio de la Super Bowl. Tú *eres* tu estrategia en las redes sociales.

Estrategia de valor añadido n.º 7: Las mujeres lo compran *todo*. El gigantesco (más de 28 billones de dólares) mercado femenino poco atendido.

Estrategia de valor añadido n.º 8: Los viejos tienen todo el dinero. El gigantesco mercado de los *oldies*, tremendamente desatendido. (¿Cómo es posible que los de marketing no lo capten?)

Quien más cosas intente (y más rápido fracase) gana

Juego serio

La esencia de la innovación

Fracasa. Sigue. Rápido

La diversidad supera a la habilidad

Aprende a no tener cuidado

13.45

Innovación n.º 1 QMCIG/ Quien Más Cosas Intente Gana

El **QMCIG** es el alfa y el omega de la innovación. Sin duda, parece simplista, sobre todo teniendo en cuenta la importancia permanente del tema de la innovación en la actualidad. Mi respuesta es que declarar a **QMCIG** como la piedra angular de la innovación es el producto de una enorme cantidad de pensamiento y observación y de duro estudio y experimentación a lo largo de cuatro décadas.

El **QMCIG** fue *de facto* el punto principal entre los «Ocho puntos básicos» en torno a los cuales se organizó *En busca de la excelencia*. Punto n.º 1: «Un sesgo para la acción».

Hablamos, apropiadamente, aunque en exceso, de disrupción. ¿Seguro que eso significa acciones de «reventar el negocio»? Tal vez, pero mi opinión es que la principal forma de hacer frente a la disrupción es contar con una plantilla de innovadores de pleno derecho (¡100 % = 100 %!) que se comprometan a diario con el dogma **QMCIG**. (Véase la discusión más abajo sobre el «juego serio»).

QMCIG / L.D.A.

«Listos. Disparen. Apunten.»

—Ross Perot, fundador de Electronic Data Systems, sobre su enfoque pionero y tremendamente exitoso de los negocios. (Perot vendió EDS a GM. Posteriormente dijo que EDS vivía según el lema «Listos. Disparen. Apunten». GM vivía según «Listos. Apunten. Apunten. Apunten»)

QMCIG / Estrategia de Southwest Airlines

«Tenemos una estrategia en Southwest. Se llama "hacer cosas".»

—Herb Kelleher, fundador de Southwest Airlines

Que Dios te bendiga, Herb. El difunto señor Kelleher era un buen amigo; decir que «hacía lo que predicaba» sería subestimarlo

QMCIG / Bloomberg

«Cometimos errores, por supuesto. La mayoría fueron omisiones en las que no pensamos cuando escribimos el software inicialmente. Los arreglamos haciéndolo una y otra vez, una y otra vez. Hoy hacemos lo mismo. Mientras nuestros competidores siguen chupándose los dedos intentando que el diseño sea perfecto, nosotros ya estamos en la versión 5 del prototipo. Para cuando nuestros rivales están listos con los cables y los tornillos, nosotros estamos en la versión n.º 10. Se trata de planificar frente a actuar: Nosotros actuamos desde el primer día; los demás planean cómo planificar durante meses.»

—Michael Bloomberg, *Bloomberg por Bloomberg*

QMCIG / Haz cosas

«Quiero ser fotógrafo.
Haz un montón de fotos. Crea un blog de fotografía. Organiza
una exposición de arte con tus mejores obras.
HAZ COSAS.

Quiero ser escritor.
Escribe un montón de artículos. Establece una voz en las redes
sociales. Crea un blog. Escribe artículos como invitado para
tus amigos.
HAZ COSAS.

Hablar es fácil.
SOLO HAZ COSAS.»

—Reid Schilperoort, estratega de marca, sobre «el único consejo» que le ha ayudado a superar el bloqueo creativo.

De nuevo, temo la acusación de «simplista». De nuevo, me resisto. Solo cállate y muévete. Haz cosas. Haz algo. Haz cualquier cosa. Ahora. Ahora = Ahora. (Para tu información: esto es… personal. Nunca he tenido nada siquiera parecido a un plan. O un gran objetivo. Simplemente me muevo, y «lo grande» va apareciendo en el camino).

Tarea 45

La idea es simple, la ejecución no. De eso se trata, **QMCIG** consiste en prueba / prueba algo / prueba cualquier cosa / pruébalo ahora. No es otra cosa que una forma de vida, y una forma de vida que es rebuscada y no lineal, lo opuesto al habitual «sigue la hoja de ruta, conforme al plan y busca señales».

La primera cuestión para ti es: ¿Crees en la hipótesis del **QMCIG** como motor de innovación para todos? Si te convence, dibuja una imagen mental de un entorno en el que todos se ponen a probar cosas. ¿Qué significaría, por ejemplo, para tus interacciones habituales en el transcurso de un día? Tú (jefe) y yo mantenemos un intercambio virtual de uno a uno, y después de que se hayan resuelto uno o dos asuntos formales, te pregunto «¿En qué estás trabajando que sea nuevo y genial? ¿Puedo echarte una mano?». Puede sonar un poco cursi, que lo es. Pero la cuestión es establecer la expectativa de que todo el mundo está constantemente tratando de añadir un giro o una vuelta o dos vueltas a lo que está haciendo. «Bueno, Max, ya conoces ese nuevo informe financiero semanal en el que estamos trabajando. Estamos probando algunos enfoques nuevos para reducir el tiempo de preparación a la mitad. Por ejemplo...» Y así sucesivamente. Intercambios como ese ocurrirían naturalmente varias veces al día. Y, de nuevo, todas las personas, todos los rangos, todos los niveles de antigüedad, todos los departamentos.

Cosas burbujeantes.
(«Cosas» es la palabra correcta. Algo. Cualquier cosa.)
Todo el tiempo.
A todo el mundo.
En todas partes.

13.46

Innovación

El imperativo del fracaso rápido, increíblemente importante

QMCI (YMRF) G / El Que Más Cosas Intente (Y Más Rápido Fracase) Gana

«Fracasa más rápido. Triunfa antes.»
—David Kelley, fundador de IDEO

«Falla. Sigue. Rápido.»
—Director general de alta tecnología, Filadelfia

«Inténtalo de nuevo. Fracasa de nuevo. Fracasa mejor.»
—Samuel Beckett

«Premia los fracasos excelentes. Castiga los éxitos mediocres.»
—Me dijo un ejecutivo australiano en un evento en Sídney, declarando «las seis palabras que apuntalan mi éxito» (Definitivamente, está en mi lista de «Las 10 mejores citas». Y se debe tomar en serio / literalmente, es decir, «Recompensa… y Castiga»).

«En los negocios, se recompensa a la gente por asumir riesgos. Cuando no funciona, los asciendes, porque estaban dispuestos a probar cosas nuevas. Si la gente me dice que ha esquiado todo el día y nunca se ha caído, les digo que prueben otra montaña.»

—Michael Bloomberg, *Bloomberg Businessweek*

«Lo que realmente importa es que las empresas que no siguen experimentando —empresas que no abrazan el fracaso— acaban llegando a una posición desesperada, en la que lo único que pueden hacer es rezar.»

—Jeff Bezos

«No basta con tolerar el fracaso: hay que celebrar el fracaso.»

—Richard Farson

Fracasos:

¡Recompensar!
¡Promover!
¡Abrazar!
¡Celebrar!
¡Cuantos más sean, mejor!
¡Cuanto más rápido, mejor!

Tarea 46

Asumiendo que compartes este tema, discute extensamente y con el tiempo necesario con tus colegas, apegándote al lenguaje fuerte anterior (por ejemplo, «abrazar», «celebrar», «promover»). Imagina pasos para inculcar una cultura de recompensas-fracasos-rapidez. Este es un trabajo difícil, ya que por lo general es contrario a la práctica estándar de las organizaciones.

El equipo de liderazgo debe creer —de mente, corazón y alma— en el poder de los fallos rápidos. Y esa creencia debe estar incrustada en la cultura corporativa. Y debe ser ejecutada (y reforzada) literalmente, a diario.

13.47

La innovación: Un mandato cultural

Compromiso de todas las personas con el «juego serio»

«No se puede ser un innovador serio a menos y hasta que se esté preparado, dispuesto y se sea capaz de jugar en serio. "Jugar en serio" no es un oxímoron; es la esencia de la innovación.»
—Michael Schrage, *Serious Play*

Piensa detenidamente en la idea de «juego serio». Y una vida de juego serio. La cuestión —que es, de hecho, un requisito de la QMCIG— es cultural: «¿Cómo vivimos 24 / 7 por aquí?» Yo añadiría que es diferente de los términos «mejora continua» y «ágil». Es más suelto, más inclusivo (de nuevo, el 100 % de los empleados), menos regulado: es... un juego serio. De hecho, es digno de un libro entero de lectura obligada por parte de un pensador-investigador de la innovación.

¿Quieres QMCIG?

Precursor n.º 1: Un juego serio por parte de T-O-D-O-S.

Tarea 47	**Acumúlalos:**
	1. QMCIG / HAZ COSAS.
	2. Recompensa y celebra los fracasos: cuanto más rápido, mejor.
	3. Juego serio = Nosotros.

13.48

Innovación: Fallas el 100 por ciento de los tiros que nunca lanzas

«Fallas el 100 por ciento de los tiros que nunca lanzas.»
—Wayne Gretzky

¡Sí! Inequívocamente está en mi lista de «Las 5 mejores citas». ¿n.º 1?

Innovación / QMCIG / ¡Incluso J.S. Bach!

«La diferencia entre Bach y sus pares olvidados no es necesariamente que tuviera una mejor proporción de aciertos y fallos. La diferencia es que los mediocres pueden tener una docena de ideas, mientras que Bach, en su vida, creó más de mil composiciones musicales completas. Un genio es un genio, sostiene el psicólogo Paul Simonton, porque puede reunir un número tan asombroso de ideas, teorías, observaciones al azar y conexiones inesperadas que casi inevitablemente termina con algo grande. "La calidad", escribe Simonton, "es una función probabilística de la cantidad".»

—Malcolm Gladwell, «Creation Myth», *The New Yorker*

Lección: «La calidad es una función probabilística de la cantidad» = QMCIG.

Tarea 48	Considera QMCIG, incluso Bach. No hay que esconderse, este es un tema eminentemente cultural. Por eso, la implementación es dura, requiere un trabajo persistente que siempre está realizándose.

13.49

Innovación n.º 2
La estrategia de «frecuentar lo diferente»

«Es difícil exagerar el valor de poner a los seres humanos en contacto con personas diferentes a ellos, y con modos de pensamiento y acción diferentes a los que conocen. Tal comunicación ha sido siempre, y es peculiarmente en la época actual, una de las principales fuentes de progreso.»

—John Stuart Mill, 1806-1873, *Principios de economía política*

«El único viaje real no consiste en buscar nuevos paisajes, sino en tener nuevos ojos; en ver el universo a través de los ojos de otro, de otros cien, al ver los cien universos que cada uno de ellos ve.»

—Marcel Proust, *El prisionero*

La segunda de las cinco Grandes Ideas de mi visión de la innovación: La diversidad. Y diversidad en el sentido puro de la palabra: Exposición constante y planificada a diferencias significativas en todas y cada una de las dimensiones imaginables.

«Te convertirás en algo similar a las cinco personas con las que más te relacionas; esto puede ser una bendición o una maldición.»

—Billy Cox, gurú de la formación en ventas

«Gran cita», dirás. (Eso espero). Bien: pero por favor f-r-e-n-a y r-e-f-l-e-x-i-o-n-a. Esto es taaaan cierto, taaaan importante. Una cuestión estratégica de primer orden. Todos tendemos subconscientemente (cuando no consciente y deliberadamente) hacia «lo semejante». Lo cual es una práctica peculiarmente mala, incluso desastrosa, en los tumultuosos años que se avecinan, el siglo XXI.

Tarea 49A	*Por favor, evalúa concienzudamente la diversidad de esas cinco personas.*

Somos lo que comemos. Somos con quien nos juntamos

MANTRA: Sal con «diferentes» y te volverás más diferente. Sal con «aburridos / similares» y te volverás más aburrido. Y punto.

En tiempos de locura, el contacto continuo con otros muy diferentes es, sí, una vez más, una necesidad estratégica, y solo ocurre como subproducto de (1) un trabajo reflexivo, (2) duro, (3) meticuloso. Por desgracia, nuestro defecto es invariablemente ir hacia lo similar.

«¿Quién es la persona más interesante que has conocido en los últimos 90 días? ¿Cómo puedo ponerme en contacto con ella?»
—Fred Smith, fundador de FedEx, pregunta que me hizo.

¡Ayyy!: Fred me preguntó esto mientras estábamos sentados en una sala verde esperando una entrevista en la CNN. Y yo, supuestamente a la vanguardia, no tenía una buena respuesta. Una fuente de vergüenza que aún continúa 25 años después.

Tarea 49B ¿Y tu respuesta cuál sería?

La diversidad (*per se*) triunfa sobre la capacidad

«Los grupos diversos de solucionadores de problemas —grupos de personas con antecedentes diversos— superaron sistemáticamente a los grupos de los mejores y más brillantes. Si formas dos grupos, uno al azar (y por lo tanto diverso) y otro formado por los mejores a nivel individual, el primer grupo casi siempre obtendrá mejores resultados: la diversidad triunfa sobre la capacidad.»
—Scott Page, *The Difference: How the Power of Diversity Creates Better Groups, Firms, Schools, and Societies*

Lee el libro de Scott Page.
Rumia en él.
¡Es poderoso!
(Repito: la diversidad *per se* se impone a «los mejores y más brillantes»).

Las conclusiones aquí presentadas deberían forma parte de cualquier reunión. Mi idea: Sé muy consciente de la diversidad en lo que respecta a la toma de decisiones.

Frecuentar lo diferente/ Próximos pasos

Perseguir la diversidad es... estratégico. Y abarca todas las empresas. Debe ser un factor importante, por ejemplo:

- Decisiones de contratación.
- Evaluaciones.
- Decisiones de promoción.
- Elección de proveedores.
- ¡Gestión del tiempo! (¿Cuál es la «puntuación de rareza» de la semana pasada basada en una evaluación de tu agenda diaria?)
- Almuerzo real o virtual. (220 comidas de trabajo al año. ¿Una lista de tus últimos 10 compañeros de almuerzo muestra la diversidad / «salir con lo raro»?)
- Asistentes a las reuniones. (¿Hay personas «inesperadas» en una reunión determinada, que representan puntos de vista divergentes?)

**Tarea
49D**

Haz evaluaciones sobre la diversidad en estas situaciones.

El cuello de botella está en la parte superior de la botella

«El cuello de botella está en la parte superior de la botella... ¿Dónde es probable que encuentres personas con la menor diversidad de experiencia, la mayor inversión en el pasado y

---

la mayor reverencia al dogma de la industria? En los puestos más altos.»

—Gary Hamel, «Strategy as Revolution», *Harvard Business Review*

Oh, tan común.
Oh, tan cierto.
Oh, tan estratégicamente costoso.

Ejemplo de Consejo de Administración de 10 personas adaptado al 2021

Al menos dos miembros menores de 30 años. (Los jóvenes deben ser atendidos / guiarnos en la cima alrededor de 2021. ¡Esto es raro!)

Al menos cuatro (¿o cinco? ¿o seis?) mujeres. (Los consejos de administración con un equilibrio entre mujeres y hombres tienen un rendimiento numérico relativo muy alto. Véase el punto 1.5 de la página 66).

Una superestrella de la informática/Big Data. (No un «representante de Tecnologías de la Información», sino una diosa o dios certificado de la talla de Salesforce o Google).

Uno o dos emprendedores y quizás un VC. (La inclinación empresarial debe infiltrarse directamente en el consejo).

Una persona de talla con un historial «raro»: artista, músico, chamán, etc. (Necesitamos retos regulares, incómodos y extraños).

Un «gurú del diseño» comprobado. (Una presencia notable en el diseño a nivel de la junta directiva es sencillamente imprescindible en mi esquema de cosas).

No más de uno o dos mayores de 60 años. (¡Demasiados *oldies* en los consejos!)

No más de tres con MBA*. (¿Por qué? La necesidad de ir más allá del modelo MBA-predecible-lineal-analítico-cuantitativo-certificado).

—Inspirado por Gary Hamel

(*A lo largo de este libro, he sido implacable en mis críticas a los MBA. Por supuesto, yo tengo uno, nada menos que de Stanford. Me llamo a mí mismo un «ingeniero-MBA en recuperación». Sin duda, hace tiempo que se han dado cuenta de que los programas de MBA, prácticamente sin excepción, se centran en las «cosas duras» [que, por supuesto, yo llamo «blandas»] y restan importancia a las «cosas blandas» [que yo llamo verdaderamente «duras»]. Hay, por supuesto, excepciones entre los estudiantes de MBA. Y también, por supuesto, uno de mis objetivos singulares es ayudar a los MBA a reequilibrarse, por señalar el título de este libro…, hacia el humanismo extremo. Por último, añadiría que mi crítica se aplica sin lugar a dudas a todas las escuelas profesionales —empresas, ingeniería y medicina en particular).

| Tarea 49E | ¿Cómo está formado tu consejo asesor? |

13.50

Innovación n.º 3
El poder / La necesidad de la incomodidad

«No estoy cómodo si no estoy incómodo.»
—Jay Chiat, leyenda de la publicidad, fundador de Chiat / Day

«Tienes que aprender a no ser cuidadoso.»
—La fotógrafa Diane Arbus a sus alumnos

«Si las cosas parecen estar bajo control, es que no vas lo suficientemente rápido.»
—Mario Andretti, piloto de carreras

«Haz cada día una cosa que te asuste.»
—Mary Schmich, periodista ganadora del Premio Pulitzer

Tarea 50	Asume literalmente la orden de Schmich y actúa. ¡Es más fácil de decir que de hacer! (En general no vivas acorde con estas citas. Considéralas más una guía importante de tus acciones cotidianas).

13.51

Innovación n.º 4
Evitar la moderación /
El poder de la «locura»

«Estamos locos. Solo debemos hacer algo cuando la gente diga que es una "locura". Si la gente dice que algo es "bueno", significa que alguien ya lo está haciendo.»

—Hajime Mitarai, exdirector general de Canon

El credo de Kevin Roberts

1. Listo. Dispara. Apunta.
2. Si no está roto... ¡Rómpelo!
3. Contrata a los locos.
4. Haz preguntas tontas.
5. Persigue el fracaso.
6. Lidera, sigue... ¡o quítate de en medio!
7. Difunde la confusión.
8. Deshazte de tu oficina.
9. Lee cosas raras.
10. Evita la moderación.

—Kevin Roberts fue director general de Saatchi & Saatchi Worldwide entre 1997 y 2016. (Su libro *Lovemarks* está en mi lista de los «mejores libros de negocios de la historia»).

«Cada proyecto que emprendemos comienza con la misma pregunta: ¿Cómo podemos hacer lo que nunca se ha hecho antes?»

—Stuart Hornery en «La empresa sin límites», Fast Company

«Creemos un edificio tal que las generaciones futuras nos tomen por locos.»

—Los constructores del siglo XV de la catedral de Sevilla

«Todos estamos de acuerdo en que su teoría es una locura. La cuestión que nos divide es si es lo suficientemente loca como para tener una oportunidad de ser correcta.»

—Niels Bohr, a Wolfgang Pauli

«El hombre razonable se adapta al mundo: El irrazonable se empeña en tratar de adaptar el mundo a sí mismo. Por lo tanto, todo el progreso depende del hombre irrazonable.»

—George Bernard Shaw, *El hombre y el superhombre: el manual de los revolucionarios.*

«"Es inútil intentarlo", dijo Alicia. Uno no puede creer cosas imposibles". "Me atrevo a decir que no has tenido mucha práctica", dijo la Reina. "Cuando tenía tu edad, siempre lo hacía durante media hora al día. A veces creaba hasta seis cosas imposibles antes del desayuno".»

—Lewis Carroll

Tarea 51

Convierte estas citas en «directrices» relativas para, por ejemplo, todos los proyectos en los que estés trabajando, grandes o pequeños. Por ejemplo, puntúa cada proyecto según su grado de «locura» entre 1 y 10. Preocúpate si no tienen en su mayoría puntuaciones de más de 6.

13.52

Innovación n.º 5
Un *Cri de Coeur* para la Creatividad 2020+

Un derecho de nacimiento, cultívalo y mantenlo vivo

«La creatividad humana es el recurso económico por excelencia.»
—Richard Florida

«Todos los niños nacen artistas. El truco es seguir siendo un artista.»
—Pablo Picasso

«"¿Cuántos artistas hay en la sala? Levanten la mano, por favor". Primer grado: En masa los niños saltaron de sus asientos, agitando los brazos. Cada niño era un artista. Segundo grado: Aproximadamente la mitad de los niños levantaron las manos, a la altura de los hombros, no más. Las manos estaban quietas. Tercer grado: En el mejor de los casos, 10 niños de 30 levantaban la mano, tímidamente, cohibidos. Cuando llegué a sexto curso, no más de uno o dos niños levantaban la mano, y muy poco, delatando el miedo a ser identificado por el grupo como un "artista de cajón". La

conclusión es que: Todas las escuelas que visité participaban en la supresión sistemática del genio creativo.»

—Gordon MacKenzie, *Orbiting the Giant Hairball: A Corporate Fool's Guide to Surviving with Grace*

«Mi mujer y yo fuimos a una reunión de padres y profesores [del jardín de infancia] y nos informaron de que nuestro artista de la nevera en ciernes, Christopher, recibiría una calificación de Insatisfactorio en arte. Nos quedamos sorprendidos. ¿Cómo podía un niño, y más aún nuestro hijo, recibir una mala nota en arte a una edad tan temprana? Su profesor nos informó de que se había negado a colorear dentro de las líneas, lo cual era un requisito estatal para demostrar "habilidades motoras de nivel de grado".»

—Jordan Ayan, *AHA!: 10 Ways to Free Your Creative Spirit and Find Your Great Ideas*

«Thomas Stanley no solo no ha encontrado ninguna correlación entre el éxito escolar y la capacidad de acumular riqueza, sino que ha encontrado una correlación negativa... "Parece que las evaluaciones relacionadas con la escuela son malos predictores del éxito económico", concluyó Stanley... lo que sí predijo el éxito era la voluntad de asumir riesgos... Sin embargo, los estándares de éxito-fracaso de la mayoría de las escuelas penalizan a los que se arriesgan... La mayoría de los sistemas educativos premian a los que juegan a lo seguro. Como resultado, a los que les va bien en la escuela les cuesta arriesgarse más adelante.»

—Richard Farson y Ralph Keyes, *Whoever Makes the Most Mistakes Wins*

¡Aargh...!

Tarea 52A	De acuerdo, «¡Aargh! no es una propuesta muy operativa. Por lo tanto, te dejo que abordes este problema relativo a las escuelas, en particular, con las que estés en relación directa o indirectamente. No hace falta resaltar que debido al megacambio social y tecnoló-

gico que está en marcha, es una cuestión de suprema y urgente importancia.

Tarea 52B	Esto se aplica a las escuelas en general. Pero, maldita sea, también asegúrate de que tu mundo profesional sea un ejemplo de creatividad: Involucra al 100 por ciento de los empleados y contratistas. Y te insto a que tomes en cuenta la creatividad como parte de los criterios de contratación para cada trabajo y para el 100 por ciento de las decisiones de promoción. (En la era de la IA: creatividad = supervivencia. Relacionado con esto: recuerda la discusión sobre el humanismo extremo).

Liderar con compasión y preocupación

Debes preocuparte
GDP / Gestionar Dando Paseos
GCZ / Gestionar con Zoom
GDP / GCZ: Actividad del líder n.º 1
Agradecimiento: La palabra más poderosa
Soy un dispensador de entusiasmo
Escuchar: Valor fundamental n.º 1
La bondad es gratuita
Lee. Lee. Lee.

La sección de liderazgo de este libro es táctica, no estratégica.
Sin «visión». Sin «autenticidad». Sin «disrupción». Solo hay… «COSAS».
Es decir, veinte tácticas de eficacia garantizada. «Garantizado» es un término jactancioso, pero se ha demostrado que cada sugerencia que exponemos aquí funciona. Una y otra vez… y otra vez…

Mi objetivo es que juegues. Es decir, que escojas ideas. Prueba una o dos. Empieza… ¡hoy mismo! (Dicho esto, la primera, el número 53, explica la «tarea base» de cada una de estas tácticas de liderazgo: Debes preocuparte.)

Ahora depende de ti…

14.53

«Me-importismo» Debes preocuparte por las cosas

«El único consejo que contribuirá a convertirte en un mejor líder te proporcionará una mayor felicidad y hará avanzar tu carrera más que cualquier otro consejo... y no requiere una personalidad determinada o tener cierta química... y cualquiera puede hacerlo, y es esto: Hay que preocuparse y cuidar de las cosas.»

—Arenga del general Melvin Zais, del U.S. Army War College, a los oficiales. (Una vez impartí la conferencia anual de Forrestal en la Academia Naval de Estados Unidos y repartí 4000 copias en CD del discurso de Zais en el que aparecía esta cita de «hay que preocuparse». Me pareció que era así de importante).

Fundamental: Todas estas «tácticas garantizadas» de liderazgo son un galimatías y una absoluta pérdida de tiempo a menos que el líder o el aspirante a líder realmente (¡de verdad!, ¡de verdad!, ¡sin tonterías, sin sis ni peros!) le-importismo y se preocupe por la gente.

Me-importismo = Te tienes que preocupar = *Sine qua non.*

(Recordatorio: Esto es precisamente lo que se insinuó [y de hecho se dijo] en nuestros anteriores debates sobre la contratación y la promoción. ¿Quieres me-importismo? Contrata para ello. ¿Quieres me-importismo? Promociónalo).

14.54

GDP / Gestionar Dando Paseos
La luz orientadora de
En busca de la excelencia

«*Un cuerpo puede fingir que le importa, pero no puede fingir que está ahí.*»

—Texas Bix Bender, *Don't Squat With Your Spurs On: A Cowboy's Guide to Life*

GDP / Gestionar Dando Paseos

—Cortesía de Hewlett-Packard

GDP fue la fuerza animadora de *En busca de la excelencia*; es decir, líderes empresariales no absorbidos por abstracciones representadas en un plan estratégico o en voluminosas finanzas. Sino líderes empresariales, como personas reales, sobre el terreno, en íntimo contacto con el trabajo real y con los que realizan ese trabajo real.

Corría el año 1979. La investigación de lo que se convirtió en *En busca de la excelencia* estaba en sus inicios. El título de trabajo de McKinsey era poco distinguido, «Proyecto de Eficacia Organizacional». Mi colega Bob Waterman y yo entrevistábamos a gente de aquí y de allá. En nuestra lista de posibles candidatos estaba nuestro vecino cercano (estábamos afincados en San Francisco) en Palo Alto, una empresa innovadora, aguerrida y todavía relativamente joven llamada Hewlett-Packard.

Hicimos el viaje de 40 kilómetros a Palo Alto y pronto nos sentamos en el despacho del presidente de HP, John Young (un cubículo de 8×8 con pared a media altura) situado en medio del sector de ingeniería. En algún momento de la conversación, «GDP» salió de la boca del señor Young. Creo que estaba hablando del famoso HP Way (camino de HP) y dijo que la piedra angular era esta cosa (extraña para nosotros) llamada «GDP».

Bob y yo no lo sabíamos entonces, pero a partir de esa frase, todo cambió en nuestra vida profesional.

El término GDP del señor Young, como parece que lo conoce hoy medio mundo, es, por supuesto, Gestionar Dando Paseos. Y significaba y significa gestionar dando paseos. El significado más profundo: No se puede liderar desde la oficina o el cubículo, ni a través de la mensajería, el correo electrónico, el PowerPoint o la hoja de cálculo. Hay que liderar mediante una interacción totalmente humanizada. Este libro existe para «vender» la idea del humanismo extremo, incluyendo la interacción virtual personalizada. Con los miembros de tu equipo y también con los de fuera. En resumen: una fuerte inversión en el compromiso emocional consigue que las cosas se hagan.

En cualquier caso, aquí estoy, más de 40 años después, todavía rogando. Suplicándote que dejes lo que estás haciendo en este momento y hagas media hora de GDP (o GCZ. Ver abajo).

¿De acuerdo?

Tarea 54A	Exige GDP diario / d-i-a-r-i-o = Principal actividad del líder.

GDP = ¡¡¡Diversión!!! (O dimite.)

¿Por qué haces GDP?

Porque es divertido.

Y si no lo es…

Sin duda, a través de GDP te enteras de cerca de lo que realmente ocurre en la organización. Pero hay más, mucho más. En un paseo por la playa de Nueva Zelanda, 35 años después de *En busca de la excelencia*, me di cuenta de que GDP se hace porque es, sí, divertido. Es una delicia, o debería serlo, estar en los espacios de trabajo con la gente que está en tu equipo y que lucha con los problemas del día a día. Es divertido intercambiar historias. Se aprenden cosas importantes, sin duda. Pero eso es solo el cinco por ciento del conjunto. El resto tiene que ver con la camaradería en una organización humana / comunidad. Soy muy duro con esta actividad tan blanda: Si en realidad no disfrutas profundamente de estar cerca de tu gente y comprometerte íntimamente con ella; si no disfrutas profundamente de charlar con el equipo del Centro de Distribución a la 1:00 de la madrugada, te sugiero sinceramente que busques otra cosa que hacer con tu vida. Lo siento.

Tarea: 54B	¡Diviértete!
	¡Pasa el rato con tu gran pandilla!
	¡Conócelos mejor!
	¡Conoce sus altibajos!
	¡Y escucha! ¡Escucha! ¡Escucha!
	(Y, en serio, si no obtienes placer en «pasar el rato» desestructuradamente, piensa en lo que has trabajado de tu vida y en lo que estás haciendo ahora mismo. Es un trabajo pesado, sí, pero imperativo).

GDP: Últimas palabras
¡Veinticinco visitas a la tienda cada semana!

«Siempre me paso por nuestras tiendas: al menos 25 a la semana. También estoy en otros lugares: Home Depot, Whole Foods, Crate & Barrel. Intento ser una esponja para absorber todo lo que pueda.»

—Howard Schultz. fundador de Starbucks / CEO, «Secrets of Greatness», *Fortune*

Uno no puede ni imaginar las tareas —grandes y pequeñas— a las que se enfrenta el señor Schultz cada día. Y, sin embargo, de alguna manera, visita esas 25 tiendas cada semana. Es un indicador sin parangón de hasta dónde puede llegar un líder eficaz para mantenerse en contacto directo con la acción y con sus empleados y clientes.

14.55

GDP se reúne con GCZ

Gestionar Con Zoom se convierte en la «nueva normalidad»

Muchas personas con mucha más experiencia que yo opinarán sobre este tema. Sospecho que dentro de 18 meses, las estanterías virtuales de Amazon contarán con 25 (como mínimo) nuevos volúmenes sobre los «Siete pasos para la eficacia del teletrabajo».

Mi discurso es breve, te dejo que crees, digamos, «mejores reuniones». Mi objetivo es recordarte que la esencia de la eficacia a largo plazo en cualquier cosa son las relaciones excelentes de aquí, de allá y, sobre todo, de acullá, y que la esencia de la innovación son las interacciones fortuitas, y que ninguna de esas cosas es natural en el mundo de GCZ / Gestionar Con Zoom.

Pero no dejes de intentarlo. Ley de hierro (maldita sea): La charla social es lo que nos hace humanos. Inventa tus propias formas virtuales de conseguirlo. La clave: La experimentación. Francamente, ninguno de nosotros, en el momento de escribir esto, sabe qué demonios está haciendo. Así que… invéntatelo sobre la marcha.

(Para que lo sepas, desde marzo de 2020 he realizado cerca de 50 pódcasts o presentaciones con Zoom. Estoy totalmente convencido de que, en el mundo del Zoom, se puede transmitir y conseguir atención, consideración y empatía casi tanto como en el mundo cara a cara / presencial. «En resumen: ¡siempre puedes hacer que sea personal!)

Algunos puntos sobre las reuniones virtuales:

No dejes que los más habladores —los extrovertidos— se queden con el espectáculo. Por las buenas o por las malas, haz que todos participen en la conversación.

No utilices una maldita herramienta informática maquiavélica para medir y microgestionar el tiempo de emisión de los participantes. No te conviertas en un Frederick Taylor virtual (el gurú del tiempo y el movimiento). Depende de ti hacer que funcione.

La regla de oro: *Siempre positivo*. Raramente negativo. (Véase más adelante: el refuerzo positivo es 30× más poderoso que el negativo, 30× en general, y otro 10× en el tenso entorno actual).

Reforzando un tema importante desde la primera página de este libro: Contratar Inteligencia Emocional. Promover Inteligencia Emocional. Las llamadas «habilidades blandas», que son las verdaderas «habilidades duras», son mucho más importantes cuando se trata de liderar en entornos de teletrabajo / GCZ.

En tiempos de COVID-19… Sr. Jefe, sé un ser humano bueno y preocupado. No «recorte personal». Eso es defensa. En lugar de eso, date cuenta de que hay tensiones y presiones en cada asistente que va más allá de tu imaginación. Actúa en consecuencia, con «amabilidad», no con «tolerancia».

Un empleado de Parks Canada envió un memorándum a todos sus empleados que teletrabajaban en abril, cuando el tema COVID-19 preocupaba a todos. Uno de los destinatarios lo compartió en Twitter. Estas son las «reglas» que contiene:

Principios COVID-19 para el teletrabajo

1. No estás «trabajando desde casa», estás «en tu casa, durante una crisis, intentando trabajar».

2. Tu salud física, mental y emocional es mucho más importante que cualquier otra cosa en este momento.

3. No debes intentar compensar la pérdida de productividad trabajando más horas.

4. Sé amable contigo mismo y no juzgues tu forma de afrontar las cosas en función de cómo veas que lo hacen los demás.

5. Sé amable con los demás y no juzgues cómo lo están afrontando en función de cómo lo estás afrontando tú.

6. El éxito de tu equipo no se medirá de la misma manera que cuando las cosas eran normales.

Esta clase de consideración exhibida en ese memorándum vale su peso literal y figurado en oro. Te sugiero que lo robes.

Tarea 55
Da lo mejor, experimenta, experimenta, experimenta y saca una copia de Parks Canada. Sé amable, considerado y humano. Es lo mejor. Y francamente es lo mejor para la productividad. Los empleados que sienten que les importas son más productivos.

Re: Zoom, hay otro dispositivo GCZ: el teléfono. Podría decirse que es un medio mucho más íntimo para comprobar el estado de Yvonne (o de Tom) que el correo electrónico, los mensajes de texto y el Zoom. Un amigo dice que una llamada telefónica es «una intrusión». No estoy de acuerdo, vehementemente. Una llamada de cinco minutos puede ampliarse fácilmente a 15 o 20 minutos, durante los cuales las digresiones más importantes valen su peso en más que oro. Se habla del tema previsto, de rumores extraños, de una metedura de pata de un cliente, se descubre que el padre de Yvonne está muy enfermo, etc. En mi experiencia, esto es mucho menos probable que ocurra haciendo Zoom, y seguro que no es cosa de textos o correos electrónicos.

Buena suerte.

14.56

Reuniones = oportunidad de liderazgo n.º 1

Excelencia en las reuniones o explota

(Hecho: La mayor parte de tu tiempo = Reuniones = Oportunidad de Liderazgo = Oportunidad de Excelencia. Por definición)

Excelencia en las reuniones: Toda reunión que no despierte la imaginación *y* la curiosidad de los asistentes *y* aumente la vinculación *y* la cooperación *y* el compromiso *y* la sensación de valía *y* motive la acción rápida *y* aumente el entusiasmo es una oportunidad perdida para siempre.

Sí, es un lenguaje extremo. Pero si «las reuniones son lo que haces» es más o menos exacto, entonces la definición anterior es, creo, no criticable. Aunque sea difícil de conseguir de forma sistemática.

Reglas de las reuniones: Prepara. Prepara. (Y prepara. Y prepara.)

1. Prepárate para una reunión / cada reunión como si tu vida profesional y tu legado dependiera de ello. Así es. ¡En nin-

---

gún caso se trata de una exageración! (Según mi experiencia, la preparación de las reuniones por parte de los jefes es mínima).

2. *Véase* el número 1.

3. Tiempo de escucha > Tiempo de conversación.

4. Bajo ninguna circunstancia, incluyendo una reunión con el jefe del jefe, puede un jefe llegar un microsegundo tarde a una reunión. (Tarde = Irrespetuoso).

5. Una reunión es un espectáculo. (Que no tiene nada que ver con los tambores y las cornetas, sino con el ambiente que el líder establece y alimenta cuidadosamente).

6. Reuniones excelentes no es un oxímoron. (¡Maldita sea!)

Nota: El mundo del teletrabajo arroja un aparente obstáculo en el trabajo. Vas a tener que aprender y practicar (y practicar y practicar) tu camino hacia la excelencia en las reuniones virtuales. No ocurrirá de la noche a la mañana. Pero, y lo he observado, ¡se puede hacer!

No te juzgues con dureza por la irregularidad del proceso de aprendizaje. Estamos desarrollando un enfoque totalmente nuevo de la interacción humana. Es algo muy importante y el «éxito de la noche a la mañana» no está previsto.

Tarea 56 ¿Cuál es tu nivel de preparación para la próxima reunión? (Si no tienes el maldito tiempo para ello, pues cancela la maldita reunión). Regla n.º 1: si no hay preparación no hay reunión).

14.57

Regla n.º 1 para liderar y hacer las cosas:

Dedica el 80 por ciento (!!!) de tu tiempo a la contratación y a cultivar aliados y perseguir pequeñas victorias

(Regla n.º 2: Ver Regla n.º 1)

Reclutar y cultivar aliados

La ley de hierro

Los perdedores… se centran en los enemigos (pierden un tiempo desmesurado en ellos).
Los ganadores… se centran en aliados, aliados y más aliados.

Los perdedores… se centran en eliminar los obstáculos.

Los ganadores… evitan los obstáculos y se centran en pequeñas victorias en lugares apartados con nuevos aliados que son demostraciones positivas del «nuevo camino».

Los perdedores… hacen enemigos.
Los ganadores… hacen amigos.

Los perdedores… hacen la pelota a los jefes.
Los ganadores… hacen batallones de amigos/aliados donde se hace realmente el trabajo.

Los perdedores… se centran en lo negativo.
Los ganadores… se centran en lo positivo.

Los perdedores… sobresalen como un pulgar dolorido.
Los ganadores… trabajan a través de aliados (y dan a los aliados el 99 % del crédito de los éxitos) y son en gran medida invisibles.

Los perdedores… favorecen la fuerza bruta y disfrutan del derramamiento de sangre.
Los ganadores… rodean tranquilamente a aliados de todo tipo con los que no están de acuerdo y saborean las pequeñas victorias.

En conclusión:

Aliados.
Aliados. Aliados.
Más aliados.

Esto es personal: El programa que desarrollé en McKinsey & Company y que dio lugar a *En busca de la excelencia* iba directamente en contra de las creencias fundamentales de McKinsey (la estrategia es lo primero, las personas y la cultura son lo segundo). Por lo tanto, mis «enemigos» eran los orgullosos «jugadores de poder» de la organización, y yo no era definitivamente un jugador poderoso. Mi estrategia (finalmente) ganadora fue, en la medida de lo posible, olvidar a los malos y a los grandes y reclutar aliados de todo tipo en todos los rincones. Siguiendo el espíritu de esta sugerencia, el reclutamiento y el desarrollo de aliados absorbieron la mayor parte de mi tiempo durante los cuatro años que estuve involucrado.

Tarea 57

En relación con el proyecto en el cual te encuentras ahora, ¿cuántas nuevas personas has reclutado para que te apoyen en la última semana? «No tengo tiempo, estoy trabajando en el proyecto». Incorrecto: Trabajar en el proyecto es reclutar nuevos aliados y mantener informados a los segundos.

Los aliados son tu vida.

14.58

GTD / Getting Things Done

Herramienta de poder n.º 1: «adular a los de abajo para tener éxito»

«Él [el protagonista principal] se había convertido en una leyenda entre la gente que manejaba los bajos fondos de la Agencia [CIA].»

—George Crile, *Charlie Wilson's War*

Las probabilidades de éxito y excelencia en la implementación son directamente proporcionales a la amplitud y profundidad de tu red dos o tres (o cuatro) niveles «abajo» en la organización. «Allí abajo» es donde están las personas (normalmente infravaloradas) que hacen el verdadero trabajo de la organización. Invisibles pero muy importantes. Y merecedoras de gran parte de tu tiempo y atención. Y afecto.

Este punto merece ser separado del resto de las ideas de liderazgo de GTD, y recibir un aviso especial:

«Adular a los de arriba» es para los burócratas.
«Adular a los de abajo» es para los ganadores / hacedores.

Además, pasar el rato «ahí abajo» con la gente que hace el verdadero trabajo es mucho más agradable que el tiempo dedicado a los rituales de adulación.

Tarea 58   La implementación de tu proyecto probablemente requiera el apoyo de varios departamentos. ¿Qué tan fuerte es tu red en cada uno de ellos? Sin aproximaciones, por favor.

14.59

Líderes = Tiempo de espectáculo

El verdadero mejor *showman*

«Siempre es la hora del espectáculo!»
—David D'Alessandro, *Career Warfare*

«Había sido una escena que los presentes recordarían durante mucho tiempo. Washington había desempeñado su papel a la perfección. No bastaba con que un líder aparentara su papel; según las reglas de Washington, debía saber representarlo con autocontrol y precisión. John Adams describiría más tarde a Washington con aprobación como uno de los "grandes actores de la época".»
—David McCullough, *1776*.

Cuando la situación en Boston era más grave para el desvencijado Ejército Continental, Washington convenció a los británicos, mediante una conducta estudiada, un cuadro cuidadosamente construido (que hacía que su cuartel general pareciera grandioso y su ejército pareciera sano y bien equipado), señalando que los estadounidenses eran una fuerza formidable a la que había que tener en cuenta.

Tarea 59A

La teatralidad no parece estar relacionada con los negocios y menos con las guerras como la de Washington. Pero lo está. Quizás «solo» seas un jefe de primer nivel. Bueno, la gente que trabaja para ti te mira como un halcón. ¿Nancye (o Jeffrey) ¿está de buen humor hoy o no? Etc. El hecho de que se hagan las cosas está impulsado por la actitud que exhibes hoy, más que por la llamada «sustancia». ¡Sé consciente, en particular, de tu huella emocional! Para tu información: «Teatralidad» significa ser consciente de que estás «en un escenario» y que causas una impresión de un tipo u otro. No consiste en alzar la voz y agitar salvajemente los brazos. Posiblemente, el espectáculo silencioso sea más poderoso que el espectáculo ruidoso.

Mira más abajo.

Liderar = *Showtime*

Dispensar entusiasmo (o no)

El impresionante poder del lenguaje corporal

«Soy un dispensador de entusiasmo.»
—Ben Zander, director de orquesta y gurú de la gestión

La partitura musical es invariable; la calidad de la interpretación viene determinada en gran medida por la energía / el entusiasmo / el amor que transmite el director de orquesta. Lo mismo ocurre en cualquier entorno organizativo. Y una repetición: ¡el entusiasmo no equivale a ruido!

Los líderes *son showmen*.
Todos los líderes son *showmen*.
Todos los líderes son *showmen* todo el tiempo.
No hay opción.

Nunca estás fuera del escenario.

Prepárate.

«Las investigaciones indican que el tono, el volumen y el ritmo de tu voz afectan a lo que la gente cree que has dicho unas cinco veces más que las palabras reales que has utilizado.»

—Prof. Deborah Gruenfeld, «Lecciones de comportamiento para el liderazgo y el trabajo en equipo». *Stanford Business*

¡5x!

Tarea 59B	Vuelve a leer la cita anterior. Reléela cinco veces. Despacio. Deja que penetre. El lenguaje corporal vence a la sustancia 5 a 1. Eres un líder. Debes ser consciente de cómo te encuentras en términos de lenguaje corporal. Probablemente no estudiaste esto en la escuela a menos que fueras un estudiante de teatro. (Sí, repito, necesitamos más profesionales de teatro en nuestras compañías). Así que conviértete en un estudiante de lenguaje corporal por tu cuenta. Sé consciente de tú mismo. Pídele comentarios a un amigo cercano. Recuerda: 5 a 1. Esto es … ¡Muy importante!
Tarea 59C	El tema de «cuidado con el lenguaje corporal» parece perder peso en el mundo del teletrabajo. ¡No es así! Es diferente, pero igualmente importante. Los brazos y las piernas pueden desaparecer, pero la cara, la expresión es más importante que nunca. ¡Trabaja en ello!

14.60

Amar el liderazgo (o no)

Una persona vino y me dijo que yo había omitido algo en mi discurso sobre liderazgo... *«Tom, ha sido un buen discurso, pero te has dejado lo más importante... Los líderes disfrutan liderando.»*

Había dado un discurso en Dublín titulado «Los 50 del liderazgo»; el contenido era 50 atributos del liderazgo eficaz. Después, y tras una Guinness, por supuesto, el director de una importante empresa de servicios de marketing hizo el comentario anterior sobre lo que yo había omitido.

Cuando reflexioné, estuve de acuerdo en que había dado en el clavo. En pocas palabras: algunas personas se excitan con los rompecabezas de la gente y la política, y prosperan en el desorden inherente de los asuntos humanos que están en el corazón del liderazgo efectivo.

Algunos no lo hacen.
Liderar es algo particular.
Y puede o no, incluso después de un amplio estudio y entrenamiento, ser lo tuyo.
Piénsalo bien.
Esto se aplica tanto a una asignación de cuatro semanas como jefe de proyecto de un equipo de cuatro personas como a un gran trabajo.
Me temo que «liderar, amarlo o dejarlo» es un resumen bastante acertado.

**Tarea
60**

Piénsalo. Piensa en lo que realmente significa liderar y en las cosas de las que tú, como líder, debes preocuparte. ¿Realmente te gusta trabajar con gente?; ¿Te «excitas» con las peculiaridades humanas o te molestan la mayoría de las veces? No estoy instando a una respuesta de sí o no. Estoy pidiendo una autorreflexión. Recuerda lo que dijo mi amigo de Dublín: amar ser líder es un imperativo, de hecho, según su evaluación, es el principal para un liderazgo eficaz. Creo que tiene razón.

14.61

Liderar

Tiempo no programado (mucho)

La aspiración del cincuenta por ciento

Es imprescidible. No hay opción

«Evita el ajetreo, libera tu tiempo, mantente centrado en lo que realmente importa. Permíteme decirlo sin rodeos: todos los líderes deberían mantener de forma rutinaria una parte sustancial de su tiempo —diría que hasta el 50 %— sin programar... Solo cuando tengas mucho tiempo no programado en tu agenda tendrás el espacio para reflexionar sobre lo que estás haciendo, aprender de la experiencia y recuperarte de tus inevitables errores.»

—Dov Frohman, superestrella de Intel, Leadership the Hard Way: Why Leadership Can't Be Taught and How You Can Learn It.

El punto principal, tal y como yo lo veo: Un liderazgo eficaz es un liderazgo reflexivo. Y la reflexión, el pensamiento en general, se va al garete en medio de una agenda sobrecargada. Lo mismo ocurre con los pequeños toques de atención y preocupación que distinguen al líder excelente y a la cultura eficaz.

Relacionado con esto, extraigo de *Wait: The Art and Science of Delay*, de Frank Partnoy:

«Pensar en el papel de la espera es una parte profunda y fundamental del ser humano... La cantidad de tiempo que nos tomemos para reflexionar sobre las decisiones definirá quiénes somos.

La vida puede que sea una carrera contra el tiempo, pero se enriquece cuando nos elevamos por encima de nuestros instintos y detenemos el reloj para procesar y comprender lo que estamos haciendo y por qué.»

Sí, un libro entero sobre la «espera». Novedoso y, para mí, merecedor de la palabra «profundo». Frohman y Partnoy: presta atención.

Tarea 61	Entonces, ¿puedes hacerlo?, llegar al cincuenta por ciento sin agendar. Probablemente no, pero puedes hacer todo lo posible para aumentar de tu actual diez por ciento (apostaría que menos) a, digamos, un veinte por ciento. Existen muy pocas, si es que hay alguna, «Tareas» en este libro que sean más importantes que esta.

14.62

Liderar / Leer
(Y leer, leer...)

«En toda mi vida, no he conocido a ningún sabio (sobre un tema amplio) que no lea todo el tiempo. Ninguno. CERO. Te sorprendería saber cuánto lee Warren [Buffett] y cuánto leo yo.»

—Charlie Munger (vicepresidente de Berkshire Hathaway / número 2 de Buffett), *Poor Charlie's Almanack: El ingenio y la sabiduría de Charles T. Munger*

«Si tuviera que elegir el defecto número uno de los directores generales, es que no leen lo suficiente.»

—Cofundador de una de las mayores empresas de inversión del mundo, en una conversación conmigo.

El número uno falla... un comentario sorpresa, ¡pégame con una pluma!
Por favor, no pases de largo por esto.
Por favor, considéralo cuidadosamente.
Repite: #1-CEO-fracasado.

LEER.
LEER.
LEER...

Reglas de lectura:

¡Amplitud! ¡Amplitud! Amplitud! La idea principal es abrir la mente y ampliar el alcance de los conocimientos. La creatividad es un producto derivado de la amplitud. 10 veces más que la profundidad. La clave es extraer ideas de ámbitos totalmente nuevos para ti y trasladarlas a tu esfera de interés. (No se trata de un acto mecánico. Hablo de conexiones subconscientes novedosas que se cuelan cuando estás, por ejemplo, tratando temas espinosos).

Lee ficción. La ficción trata de personas y relaciones. Esto y lo otro hacen que tu mente se expanda y divague productivamente de forma inestimable, pero de la que no eres consciente.

Impacto subliminal. Tu mente se amplía. Y, de una forma u otra, las cosas nuevas que has estado examinando en tu lectura se cuelan en tu forma de ser y repercuten en tus acciones prácticas y estratégicas a largo plazo.

Y en tus áreas de experiencia, lee más que los demás. Nunca se sabe tanto como se cree que se sabe sobre gran parte de lo que se hace. (Para mí es una cuestión de fuerza bruta. Me mantengo cerca de la cabeza de mi clase, un libro a la vez).

Estrategia ganadora 2021: Estudiar intensamente a perpetuidad.

Si eres el jefe, pregunta de vez en cuando a María o a Jackson: «¿Qué has leído que sea interesante últimamente? ¿Debería leerlo?»

Si eres el jefe, considera la posibilidad de organizar un club de lectura, preferiblemente sobre un tema del que tú y tus compañeros de equipo sepáis muy poco: se trata de pensar y, repito, de ampliar horizontes.

Procura que tu equipo sea el «mejor del sector» en lo que respecta a la lectura, el estudio y el aprendizaje.

14.63

Habilidad del líder n.º 1
Valor central n.º 1

Escucha «agresiva» /
Escucha «feroz»

«Mi formación en liderazgo comenzó en Washington cuando fui asistente del Secretario de Defensa William Perry. Era universalmente querido y admirado por los jefes de Estado... y por nuestras propias tropas y las aliadas. Gran parte de ello se debía a la forma en que escuchaba. Cada persona que hablaba con él recibía su atención completa e indivisible. Todo el mundo florecía en su presencia, porque era muy respetuoso, y me di cuenta de que yo quería influir en la gente de la misma manera.

Perry se convirtió en mi modelo, pero eso no fue suficiente. Tenía que ocurrir algo más grande, y así fue. Fue doloroso para mí darme cuenta de la frecuencia con la que fingía escuchar a la gente. Cuántas veces apenas había levantado la vista de mi trabajo cuando un subordinado entraba en mi oficina...

Me comprometí a tratar cada encuentro con cada persona del Benfold [Abrashoff era el capitán del USS Benfold] como lo más importante en ese momento... Decidí que mi trabajo consistía en escuchar de forma agresiva.»

—Mike Abrashoff, *It's Your Ship: Management Techniques from the Best Damn Ship in the Navy*

Palabra clave: «agresivamente»: Escuchar no es una actividad pasiva.

«Es increíble cómo esta cosa aparentemente pequeña — simplemente prestar una atención feroz a otro, preguntar de verdad, escuchar de verdad, incluso durante una breve conversación— puede evocar una respuesta tan sincera.»

—Susan Scott, *Fierce Conversations: Achieving Success at Work and in Life, One Conversation at a Time*

Palabra clave: «Feroz». Repito: ¡escuchar no es una actividad pasiva!

«Cuando salí del comedor después de sentarme junto a Gladstone, pensé que era el hombre más inteligente de Inglaterra. Pero cuando me senté junto a Disraeli, me fui sintiendo que era la mujer más inteligente.»

—Jennie Jerome, la madre (estadounidense) de Winston Churchill, en *Disraeli*, de Christopher Hibbert

Tarea 63A

Piensa que las palabras «agresivo» y «feroz» son meros prefijos de la palabra escuchar. Una concentración intensa (sin tregua) al escuchar a la otra persona es un comienzo. Pero ¿cómo se traduce la escucha «agresiva» o la escucha «feroz»? La próxima vez que estés con alguien y estés hablando, deja que las palabras «agresivo» y «feroz» inunden tu mente.

El poder del oído

«La mejor manera de persuadir a la gente es con los oídos, escuchándolos.»

—Exsecretario de Estado de EE.UU., Dean Rusk

Mi opinión: Esto debería estar grabado en una camiseta, o en un cartel detrás del escritorio de cada jefe.

Branson: La inigualable importancia de escuchar

Un tercio, la totalidad de la primera parte (más de 100 páginas) del libro de Richard Branson, *The Virgin Way: How to Listen, Learn, Laugh, and Lead*, está dedicado a la escucha en sí.

Una conclusión del libro: *«La clave de cada uno de estos [ocho] atributos de liderazgo era la importancia vital de la capacidad de un líder para escuchar».*

Nunca he visto nada comparable a esto.

Excelencia en la escucha. *No*

Jerome Groopman, médico y profesor de la Facultad de Medicina de Harvard, escribió el libro *Cómo piensan los médicos*. Afirma que la clave para recopilar información útil y abordar eficazmente el rompecabezas de la salud del paciente es dejar que éste divague en la descripción de su problema. Sin embargo, Groopman cita investigaciones sólidas que pintan un panorama bastante lamentable.

El médico medio interrumpe al paciente después de… *18 segundos. ¡S-E-G-U-N-D-O-S!*

Depende de ti, querido lector…

Tarea 63B ¿Eres (jefe/líder), uno de los que interrumpe… a los 18 segundos? (Busca *feedbacks* serios y regulares sobre esto. Es probable [casi con seguridad] que tu autopercepción esté muuuuuuuuuuuuuuuuuuuuuuuuuuuuy lejos de la realidad.

Si eres un interruptor de 18 segundos:

Ponte manos a la obra (y trabaja / es un trabajo duro).
La retroalimentación es esencial.
Hora de inicio: ¡Ahora!

Escuchar es

La obsesión por escuchar es:

… la principal señal de respeto.
… el corazón y el alma del compromiso y la consideración.
… la base de la colaboración, la asociación y la comunidad.
… una habilidad individual desarrollable. (Aunque las mujeres son intrínsecamente mucho mejores que los hombres).
… el núcleo de la comunicación interfuncional eficaz (que a su vez es posiblemente el atributo n.º 1 de la eficacia de la organización).
… la clave para hacer la venta.
… la clave para mantener el negocio del cliente.
… el eje de un servicio memorable.
… la base para aceptar diversas opiniones.
… rentable. (El «R.O.I.» de la escucha es posiblemente mayor que el de cualquier otra actividad).
… la base que sustenta un auténtico compromiso con la excelencia.

No hay ni una pizca de exageración en esta lista.

Las reglas del buen oyente (una muestra)

Un buen oyente existe totalmente para la conversación dada. No hay nada más en la tierra que tenga importancia para esos (cinco, diez, treinta) minutos.

Tomando prestado de nuevo a Susan Scott: Éxito en la escucha = Atención feroz.

Un buen oyente da tiempo a la otra persona para que… tropiece con la claridad… sin interrupción. (Una pausa incómoda de 10 o 20 segundos, una pausa de 45 segundos, cuando alguien está… pensando antes de hablar… no es una invitación a interrumpir. *¡Maldita sea!*)

Un buen oyente nunca termina la frase de la otra persona.

Un buen oyente se vuelve *invisible*; hace que el encuestado sea el centro de atención.

Un buen oyente no acepta nunca una llamada, ni siquiera de su jefe.

Un buen oyente toma notas (extensas).

Un buen oyente llama (mejor que el correo electrónico… *¡maldita sea!*) un par de horas después para agradecer al otro su tiempo.

Un buen oyente llama al día siguiente con un par de preguntas de seguimiento.

Un buen oyente no pontifica.

Axioma: *Si no estás agotado después de una conversación seria, es que no estabas realmente escuchando.*

Aplica estas reglas como si tu supervivencia profesional dependie-
se de ello. ¡Porque es así!

Tom /a un líder: «¿De qué trabaja?»

Líder: «Escucho»

Tom: «Tiene un sobresaliente».

Excelencia en la escucha

Valor central sugerido n.º 1: «Somos escuchadores eficaces». Tratamos la EXCELENCIA en la escucha como la pieza central de nuestro compromiso con el respeto y el compromiso y con el crecimiento de la comunidad y la conexión con el cliente

**Tarea
63D**

Considera la escucha como tu valor n.º 1

La última palabra sobre la escucha

«Nunca pierdes una buena oportunidad para callar.»
—Will Rogers

**Tarea
63E**

Nunca pierdas una buena oportunidad para permanecer en silencio.

14.64

La trampa de la velocidad / D-E-S-A-C-E-L-E-R-A

Lo que se dice en la calle:
«Son tiempos locos / Hay una disrupción por día.
Resopla y resopla.
La velocidad es la clave del éxito personal.
La velocidad es la clave del éxito empresarial.
La velocidad. La velocidad. Más velocidad…»

¿Así que la velocidad es la clave de todas las cosas buenas en la década de 2020?

Espera…

A continuación, se presenta una lista parcial de actividades estratégicas —que sustentan el éxito y la excelencia tanto personal como de la organización— que no pueden llevarse a cabo en un instante (o, para el caso, en 100 instantes):

Construir / mantener relaciones… requiere (¡mucho, mucho… y mucho!) tiempo.
Reclutar aliados para una causa… lleva (mucho) tiempo.
Crear y mantener una cultura de alto rendimiento… requiere mucho tiempo.
Leer/estudiar… lleva (mucho) tiempo.
La escucha feroz/agresiva… requiere (mucho) tiempo.

GDP / Gestionar Dando Paseos… lleva (mucho) tiempo.

La flexibilidad en tu agenda… requiere (mucho) tiempo.

Contratar / evaluar / promocionar… lleva (mucho) tiempo.

La reflexión / los pequeños gestos instintivos colectivos (Pequeño > Grande) … lleva (mucho) tiempo.

El humanismo extremo / el diseño conectivo emocional… lleva (mucho, mucho) tiempo.

Tu próximo y excelente correo electrónico… debería llevar (mucho) tiempo.

El «último uno por ciento» de cualquier tarea o proyecto… lleva (mucho) tiempo.

La e-x-c-e-l-e-n-c-i-a… lleva (mucho, mucho… y mucho) tiempo.

Tarea 64	Conclusión. Roma no se construyó en un día. Tampoco la excelencia empresarial, así que D-E-S-A-C-E-L-E-R-A.

14.65

**Con frecuencia
(y estúpidamente)
menospreciado...**

El poder tranquilo

Contrata tranquilidad

Promueve tranquilidad

**Las personas ruidosas
no son las más creativas**

**Los ruidosos no son los
mejores vendedores**

**Las personas ruidosas
no son los mejores líderes**

De *Quiet: The Power of Introverts in a World That Can't Stop Talking*, de Susan Cain:

1. EL (MUY) CUESTIONABLE IDEAL DEL EXTROVERTIDO: «El extrovertido ideal ha sido documentado en muchos estudios… Las personas habladoras, por ejemplo, son consideradas más inteligentes, más guapas, más interesantes y más deseables como amigos. La velocidad del habla cuenta tanto como el volumen: los habladores rápidos son considerados más competentes y simpáticos que los lentos…, pero cometemos un error al abrazar tan irreflexivamente al extrovertido Ideal».

2. EXPERIMENTO DE EMPAREJAMIENTO CONVERSACIONAL: «Los introvertidos y los extrovertidos participaron casi por igual, lo que desmiente la idea de que los introvertidos hablan menos. Pero las parejas de introvertidos tendían a centrarse en uno o dos temas de conversación serios, mientras que las parejas de extrovertidos eran más ligeras y sacaban a relucir temas más amplios».

3. LÍMITES DE LA ASERTIVIDAD: «Recuerda también los peligros del nuevo pensamiento de grupo. Si lo que buscas es la creatividad, pide a tus empleados que resuelvan los problemas a solas antes de compartir tus ideas… No confundas la asertividad o la elegancia con las buenas ideas. Si tienes una plantilla proactiva (y espero que así sea), recuerda que pueden rendir mejor bajo un líder introvertido que bajo uno extrovertido o carismático».

4. EL PODER DEL SILENCIO: «La próxima vez que veas a una persona con un rostro sereno y una voz suave, recuerda que dentro de su mente podría estar resolviendo una ecuación, componiendo un soneto, diseñando un sombrero. Es decir, podría estar desplegando el poder del silencio».

Mi opinión sobre el poderoso libro de la señora Cain: «Nosotros» [los líderes] hemos dado poca importancia a casi la mitad de la población, la mitad que suele ser más reflexiva que sus compañeros ruidosos y que, según la investigación, también son mejores líderes. Liberar el «poder silencioso» es una gran oportunidad estratégica.

En cuanto a lo de ruidoso / tranquilo, me recuerda el profundo escepticismo de Peter Drucker respecto al «carisma». No creía en absoluto que el carisma contribuyera a un liderazgo organizativo eficaz, y señalaba que los líderes políticos que más daño habían causado eran, sin embargo, casi indefectiblemente carismáticos.

Tarea 65

1. Lee el libro *Quiet* lentamente y reflexiona. Por favor.

2. A partir de hoy (!): Haz todo lo posible para inyectar un «sesgo silencioso» en todo lo que haces, especialmente en la contratación y la promoción.

3. Avanzar de acuerdo con el argumento de la señora Cain nos hará ir en contra de nuestros instintos básicos, lo que a su vez significa que tendrás que trabajar mucho para superar tus prejuicios.
La gran noticia, por supuesto, es que la *recompensa es enorme.*

(Para tu información: *Quiet* es mi elección como mejor libro de negocios del siglo hasta la fecha. Por el amor de Dios, estamos hablando nada menos que de nuestro sesgo implícito contra casi la mitad de la población. Y del hecho de que la mitad desatendida, una vez que se le da la oportunidad, supera a sus compañeros ruidosos).

14.66

¡Lo positivo gana a lo negativo 30:1!

Reconocimiento = La herramienta de liderazgo más poderosa

«El comentario positivo es treinta veces más poderoso que el negativo para crear un alto rendimiento en un equipo. Así que, aunque de vez en cuando tengamos que ayudar a la gente a mejorar en algo, si prestas atención a lo que la gente no puede hacer, que es nuestra configuración por defecto como líderes de equipo, y si todos nuestros esfuerzos se dirigen a dar y recibir feedback *negativo más a menudo y más eficazmente, entonces estamos dejando un enorme potencial sobre la mesa. La gente no necesita* feedback. *Necesita atención y, además, atención a lo que hacen mejor. Y se comprometen más y, por tanto, son más productivos cuando se lo damos.»*

—Marcus Buckingham y Ashley Goodall, *Nine Lies About Work: A Freethinking Leader's Guide to the Real World*, del capítulo cinco, «Mentira n.º 5: La gente necesita feedback»

Vuelve a leer esto. Luego vuelve a leerlo. ¡30 veces! ¿Por qué son tan pocos los que consiguen el asombroso poder de la atención/ *feedback* positivo? Estoy eternamente desconcertado. Y añadiría que el *feedback* negativo que dan 9,86 de cada 10 jefes se hace de forma torpe y destructiva. Y también me gustaría señalar que los autores son investigadores cuantitativos duros y meticulosos de toda la vida; esto define la fiabilidad, sin aproximaciones aquí.

«El principio más profundo de la naturaleza humana es el ansia de ser apreciado.»
—William James, filósofo

¡Un lenguaje m-u-y fuerte! Y m-u-y merecido!

«Las dos cosas más poderosas que existen: una palabra amable y un gesto considerado.»
—Ken Langone, cofundador de Home Depot

«Las personas que no se sienten significativas rara vez hacen contribuciones significativas.»
—Mark Sanborn, autor y gurú de las ventas

Citas repetitivas. Por una razón. Frustración. Frustración por mi continua incapacidad para hacer que este mensaje (una vez más: «no es ciencia espacial») llegue y permanezca.

Tarea 66A	POSITIVO.
	POSITIVO.
	POSITIVO.
	(AHORA MISMO)
	POSITIVO.
	POSITIVO.
	POSITIVO.
	POSITIVO.
	(¡MALDITA SEA!)

«El liderazgo consiste en cómo haces sentir a la gente: sobre ti, sobre el proyecto o el trabajo que estáis haciendo juntos y, sobre todo, sobre ellos mismos.»

—Betsy Myers, *Take the Lead: Motivate, Inspire, and Bring Out the Best in Yourself and Everyone Around You*

YTQP / ¿Y TÚ QUÉ PIENSAS?

«¿Y tú qué piensas?»

—Dave Wheeler, experto en eficacia organizativa, llama a YTQP las «cuatro palabras más importantes del vocabulario de los líderes»

No solo estoy totalmente de acuerdo con el señor Wheeler, sino que te sugiero que lleves una cuenta literal de tus YTQP diarios. Al menos, te recordará la importancia de esas Cuatro Grandes Palabras.

Tarea 66B	Cuenta tus YTQP, ¡Comienza ya!

«Llamo a 60 CEO/directores generales [en la primera semana del año] para desearles feliz año.»

—Hank Paulson, exdirector general de Goldman Sachs / exsecretario del Tesoro de EE.UU.

Desde 1973, y sin falta, he practicado una versión de esto. Religiosamente hago entre 25 y 50 llamadas del estilo «Aprecio profundamente tu apoyo este último año» en Navidad / Año Nuevo. La respuesta positiva es nada menos que asombrosa, lo que, por supuesto, confirma la rareza y el poder de esta práctica. (Y es un acontecimiento anual. ¡Lo disfruto enormemente!)

Tarea 66C	Prueba alguna versión de esto. ¡Funciona! (y también es un deleite de hacer —para las dos partes).

Mi «conclusión» sobre «todo esto».

«Agradecimiento/reconocimiento» pueden ser las palabras más poderosas de la lengua.

Alerta de frustración. De verdad que estoy al límite de mis fuerzas. ¿Por qué, por qué, por qué, es tan difícil inducir a la gente a «ser positiva»?

¿Te vuelve «blando» decir algo bueno? ¿Necesita la gente realmente «hablar claro» (comentarios negativos de mente dura) para rendir más?

N-O L-O C-A-P-T-O

14.67

Gracias:
La «regla de los 30 mil»

«Lo creas o no, he enviado unas 30.000 notas escritas a mano a los empleados en la última década, desde personal de mantenimiento hasta altos ejecutivos.»
— Douglas Conant, «Secrets of Positive Feedback» *Harvard Business Review*

Eso equivale a aproximadamente… 11 notas de agradecimiento escritas a mano cada día de la semana durante… 10 años. Nada menos que increíble.

¿El poder de decir «gracias»? INFINITO.
Sí… I-N-F-I-N-I-T-O.

Gracias: «Pequeño» > «Grande»
Una vez más: un tema persistente

Lo que importa no es el gracias por hacer una venta de un millón de dólares. Los elogios por eso van a ocurrir de todos modos. Es, usando el término de Ken Blanchard, «pillar a alguien haciendo algo [alguna pequeña cosa] bien».

Para el destinatario, el reconocimiento espontáneo de los pequeños actos tiene un impacto mayor y más duradero que los grandes. Significa que tú, líder, te has dado cuenta del pequeño acto. Has hecho que el destinatario —recuerda la cita anterior— se sienta importante.

Significativo = Motivador poderoso.

Tarea 67 ¿Cuál es la cantidad de pequeños «gracias» que has dado en las últimas cuatro horas? (esta es una pregunta muy seria).

14.68

La disculpa funciona

La mágica
«Llamada de tres minutos»

La disculpa rinde

«Considero que pedir perdón es el gesto más mágico, sanador y restaurador que puede hacer el ser humano. Es la pieza central de mi trabajo con los ejecutivos que quieren mejorar.»
—Marshall Goldsmith, *Un nuevo impulso*

Vuelve a leer. Concéntrate y reflexiona sobre la disculpa como «pieza central». Una palabra poderosa e inequívoca. Esto me sorprendió realmente, la disculpa como pieza central del *coaching* ejecutivo, y la fuente, Marshall Goldsmith, es intachable.

La ley de hierro de la disculpa
«La regla de los tres minutos»

La ley de hierro de las disculpas: Hubo un tiempo en el que se podía evitar un fiasco de primer orden (por ejemplo, una pérdida de mil millones de dólares en ventas) con una disculpa de tres minutos o una llamada telefónica de tres minutos a los pocos minutos u horas de producirse la infracción en cuestión.

Hazlo ahora.
Ahora.
Ahooora.

La disculpa rinde / $$$
De *Effective Apology* de John Kador

Sí. ¡Un libro entero sobre la apología *per se*! Mensaje: Uno puede convertirse en un estudiante de pleno derecho de temas críticos «blandos» como…la disculpa.

Del libro:

1. *«Considera el ejemplo de Toro, el fabricante de cortacéspedes y quitanieves. Toro cambió a un enfoque más conciliador que siempre comienza con una disculpa de la empresa, independientemente de quién sea el culpable. La empresa no ha ido a juicio desde 1994 [escrito en 2009] y ha reducido el coste medio [de resolver una reclamación] de 115.000 dólares en 1991 a 35.000 dólares en 2008.»*

2. *«Hoy en día, cada vez más, los médicos y los hospitales se dan cuenta de que un programa coordinado de divulgación y disculpa reduce drásticamente las reclamaciones por mala praxis. En el año 2000, la media nacional de*

mala praxis de los hospitales sentencia fue de 413.000 dólares. El pago medio de Lexington [hospital de veteranos que utiliza el método de revelación y disculpa] fue de 36.000 dólares.»

Tarea 68 Lee el libro de Kador. Conviértete en un estudioso de la disculpa. Comenta con colegas el tema como una característica cultural. Haz que las apologías apropiadas y a tiempo sean parte de tu cultura corporativa.

14.69

Autoconocimiento: Diferenciador del líder n.º 1

La calidad de tu autopercepción apesta

«Ser consciente de ti mismo y de cómo afectas a todos los que te rodean es lo que distingue a un líder superior.»

—Cindy Miller, con Edie Seashore, en Masters of the Breakthrough Moment, *Strategy + Business*

Edie Seashore conocía a pocos o ningún compañero en el mundo del Desarrollo Organizacional. La afirmación de Miller-Seashore es contundente: Cuando se trata de un liderazgo eficaz, afirman, el autoconocimiento es el rasgo distintivo número uno. No son los únicos en esta creencia. Podría decirse que la mayoría de los principales expertos en liderazgo utilizarían un lenguaje tan fuerte, o casi tan fuerte; es decir, el autoconocimiento como la principal fuerza del líder. Reflexiona sobre ello. Por favor.

«Para mejorar a los demás, empieza por ti mismo.»
—Marshall Goldsmith

«Trabaja en ti primero.»
—Kerry Patterson, Joseph Grenny, Ron McMillan y Al Switzler, *Conversaciones cruciales: Herramientas para hablar cuando hay mucho en juego*

«El liderazgo es autoconocimiento. Los líderes de éxito son aquellos que son conscientes de su comportamiento y del impacto que tiene en las personas que les rodean. Están dispuestos a examinar qué comportamientos propios pueden estar consiguiendo en el camino. La persona más difícil de dirigir es uno mismo. No podemos liderar eficazmente a los demás si no somos capaces de liderarnos a nosotros mismos.»
—Betsy Myers, *Take the Lead: Motivate, Inspire, and Bring Out the Best in Yourself and Everyone Aroun*

«¿Cómo puede un líder de alto nivel como… [nombre no proporcionado por el autor] estar tan alejado de la verdad sobre sí mismo? Es más común de lo que uno se imagina. De hecho, cuanto más alto asciende un líder, menos precisa es su autoevaluación. El problema es una aguda falta de retroalimentación [especialmente en cuestiones de personas].»
—Daniel Goleman y otros, *Primal Leadership: Unleashing the Power of Emotional Intelligence*

Esta cita de Daniel Goleman es coherente con un importante conjunto de investigaciones sobre las percepciones erróneas de los líderes. En un estudio cuantitativo, el investigador contó meticulosamente el número de veces que un líder interrumpía a otros en el curso de una reunión típica, y el número de veces que el propio líder era interrumpido. Te puedes imaginar los resultados: El líder consideraba que rara vez había interrumpido, pero que había sido interrumpido con frecuencia. Los datos dicen inequívocamente lo contrario en un grado que sería risible si el tema no fuera tan serio.

Tarea 69

Es casi seguro que tu autopercepción sea incorrecta. (Incorrecta hasta 180 grados en el caso de un buen amigo, brillante intelectual y analíticamente, un tonto total cuando tuvo que comprender lo que los demás pensaban de él.) Obtén ayuda de un colega de confianza o, si te lo puedes permitir, de un *coach* ejecutivo entrenador. Pero por las buenas o por las malas, obtén una visión sólida de tu realidad. Luego actúa en consecuencia, con la ayuda de ese entrenador si es posible. Este es claramente, un tema de los que hay que comenzar a trabajar hoy mismo.

Liderar / Los maestros de la autogestión

«Hay tres cosas que son extremadamente duras: el acero, un diamante y conocerse a uno mismo.»
—Ben Franklin

«El mayor problema al que me enfrentaré: cómo gestiona Dale Carnegie.»
—Dale Carnegie

14.70

Líderar / 14 = 14

Catorce personas = catorce estrategias de comunicación radicalmente diferentes

«El gran enemigo de la comunicación es la ilusión de que se está produciendo.»
—William H. Whyte, «Is Anybody Listening?» *Fortune*

Tienes un equipo de catorce personas.
¿Cómo te «comunicas» con ellos?
Olvídate de «ellos».
Piensa: «Ana, Iván, Jack...»

Catorce personas / miembros del equipo significan catorce estrategias de comunicación / motivación / liderazgo muy distintas.

No hay dos personas iguales.
No hay dos personas que siquiera se parezcan.
Ninguna persona es la misma el jueves
que el lunes.

Catorce personas.

Catorce estrategias de liderazgo distintas.

Y PUNTO.

(¡Y nunca lo olvides!)

¿Compartes esta idea ? (Dios mío, eso espero. Es m-u-y i-m-p-o-r-t-a-n-t-e). Entonces…. ¿Tienes una estrategia de comunicación personalizada para cada una de las personas que conforman tu equipo? (Nota: supón que eres director de proyecto de un equipo que solo existirá durante 10 semanas. Bueno, el «diseño personalizado de la estrategia de comunicación» es 10 veces más importante de lo que sería en un grupo permanente. Es decir, con 10 semanas duración, no hay margen de error.

14.71

Una cultura de la amabilidad

«Hay tres cosas importantes en la vida. La primera es ser amable. La segunda es ser amable. Y la tercera es ser amable.»

—Henry James

«La amabilidad es gratis»

«[Existe una] idea errónea de que las interacciones con amabilidad requieren más personal o más tiempo y, por tanto, son más costosas. Aunque los costes de mano de obra son una parte sustancial del presupuesto de cualquier hospital, las interacciones más personalizadas no añaden nada al presupuesto. Escuchar a los pacientes o responder a sus preguntas no cuesta nada. Se puede argumentar que las interacciones negativas —alienar a los pacientes, no defender sus necesidades, limitar su sentido de control— pueden ser muy costosas. Los pacientes frustrados, enfadados o asustados pueden mostrarse combativos, retraídos y menos cooperativos, requiriendo mucho más tiempo del que se hubiera necesitado para interactuar con ellos inicialmente de forma positiva.»

—JoAnne L. Earp, Elizabeth A. French, Melissa B. Gilkey, *Patient Advocacy for Health Care Quality: Strategies for Achieving Patient-Centered Care*

La amabilidad: La regla de los 40 segundos (¿o son 38 segundos?)

Del libro *Compassionomics: The Revolutionary Scientific Evidence That Caring Makes a Difference*, de Stephen Treciak, M.D. y Anthony Mazzarelli, M.D.:

En ensayos controlados aleatorios realizados en Johns Hopkins con pacientes de cáncer, los investigadores descubrieron que todo lo que se necesitaba para marcar una diferencia significativa en la disminución de la ansiedad y el miedo del paciente eran cuarenta segundos de compasión. Además, en dos estudios del Instituto Holandés de Investigación de Servicios Sanitarios, al estudiar la compasión y la falta de compasión en el diagnóstico de cáncer, los investigadores descubrieron que solo se necesitaban treinta y ocho segundos para dar la noticia de forma compasiva, lo que derivaba en una diferencia «significativa y medible» en los niveles de ansiedad de los pacientes y en la capacidad de asimilar más información, por no hablar de la adherencia al tratamiento que también se recoge en su asombroso libro. Y aunque los médicos suelen decir que no tienen tiempo para la compasión, estos y otros estudios sugieren sistemáticamente algo muy diferente.

Tarea 71A

¿Qué hay de ti? ¿Tienes 40 segundos? ¿O al menos 38? Es decir, ¿tienes tiempo para la amabilidad? En algunas situaciones la amabilidad es proveer salud. La amabilidad en el entorno laboral puede dar lugar a resultados espectaculares.

A = R = B

Amabilidad = Repetición de negocios = Beneficios

Hay un (GRAN) problema con lo que hemos visto antes en esta sección de liderazgo. Pocas de estas ideas —disculpas, agradecimientos, amabilidad— funcionan, a menos que el líder sea empático, reflexivo y deliberado; es decir, que realmente le importe la gente. (Volvemos, en parte, al inicio de mi libro, Tarea 2 (en la página 82 al decir que la Inteligencia Emocional era el principal requisito al momento de contratar). Es justo decir que estas «tácticas» dependen totalmente del carácter subyacente del líder.

Tarea 71B

No estoy seguro de cómo hacer una «tarea» para «amabilidad». «Sé amable» es una tontería. Entonces, tomemos otro rumbo: se trata realmente de quién eres como persona, y qué tipo de organización (o equipo de proyecto) quieres construir y qué legado quieres dejar. La amabilidad genera repetición de negocios y rinde (A = R = B), pero la amabilidad en las interacciones con los clientes es un subproducto directo de la forma en que nos tratamos hora a hora y día a día. Así que mi «tarea» es para pedirte, por favor, que reflexiones sobre qué tipo de persona eres y qué tipo de huella quieres dejar atrás.

¡Lee! ¡Estudia! ¡Civilidad! ¡Amabilidad!

Kindness in Leadership, por Gay Haskins, Mike Thomas y Lalit Johri

The Manager's Book of Decencies: How Small Gestures Build Great Companies, de Steve Harrison, Adecco

Mastering Civility: A Manifesto for the Workplace, de Christine Porath

The Power of Nice: How to Conquer the Business World with Kindness), de Linda Kaplan Thaler y Robin Koval

Survival of the Friendliest: Understanding Our Origins and Rediscovering Our Humanity, de Brian Hare y Vanessa Woods

14.72

Gracia

Para mi 60° cumpleaños, escribí un libro titulado en su totalidad: *SIXTY*. Traducción: Sesenta cosas que realmente me importaban. La última de ellas, la número 60, era por definición una gran cosa. Y no era más que una sola palabra: *Gracia*.

Mi comentario comenzó con una cita de la reconocida diseñadora Celeste Cooper:

«Mi palabra favorita es "gracia", ya sea gracia asombrosa, gracia salvadora, gracia bajo el fuego o "Grace Kelly". La forma en que vivimos contribuye a la belleza, ya sea por cómo tratamos a otras personas o por cómo tratamos al medio ambiente.»

Mi buscador de sinónimos ofrece estas analogías con gracia: elegancia… encanto… amabilidad… delicadeza… cortesía… compasión, belleza.

Hacerlo todo con gracia. Y cuanto más apurados y acosados y potencialmente insensibles estemos, más importante es tener gracia.

Tarea 72	elegancia… encanto… amabilidad… delicadeza… cortesía…

compasión…

belleza

Tal vez convenga escribir esta lista en un papel y ponerla en tu cartera. Sácala y mírala de vez en cuando, especialmente cuando el estrés parezca estar ganando. Lee y respira.

La gracia es buena para ti. La gracia es buena para tus compañeros de equipo. «La gracia en todo lo que hacemos» es especialmente pertinente, y poderosa, ante la incertidumbre y, de hecho, el caos del Covid-19. La gracia es enriquecedora para tus clientes y tu comunidad y, al final, para que esto se vea reflejado en el resultado final de tu negocio.

14.73

Líder como «director de cultura»

La cultura «es el juego»

«Si hubiera podido elegir no abordar de frente el tema de la cultura en IBM, probablemente no lo hubiera hecho. Mi fuerte

era la estrategia, el análisis y las mediciones... En
comparación, cambiar la actitud y los comportamientos de
cientos de miles de personas era muy, muy difícil de conseguir.
Sin embargo descubrí, mientras estuve en IBM, que la cultura
no es solo un aspecto del juego: es el juego mismo.»

—Lou Gerstner, superestrella de la transformación de IBM, *Who Says Elephants Can't Dance? Inside IBM's Historic Turnaround*

Gerstner era mi némesis cuando yo hacía la investigación para *En busca de la excelencia* en McKinsey. Era quizás el principal defensor de «la estrategia primero». De ahí que puedan imaginar mi sonrisa de autosatisfacción cuando la cita anterior apareció en *Who Says Elephants Can't Dance: Leading a Great Enterprise Through Dramatic Change.*

«La cultura se come a la estrategia para desayunar.»

—Ed Schein

Tarea 73A	«Es *el* juego». Para tu información: la cultura —buena, mala, indiferente— también se aplica a un equipo de trabajo temporal. ¿Lideras algo? Haz la cultura parte de tu trabajo. Punto.

Los mandatos de la cultura

La cultura es lo primero.

La cultura es muy difícil de cambiar.

El cambio de cultura no se puede/debe eludir o evitar.

El mantenimiento de la cultura es tan difícil como el cambio de cultura.

El cambio / mantenimiento de la cultura debe convertirse en un punto de la agenda consciente / permanente / personal.

El cambio / mantenimiento de la cultura se manifiesta en «las pequeñas cosas» mucho más que en las grandes.

Repite.
Cambio de cultura / mantenimiento:
Un día
Una hora
Un minuto a la vez.
Para siempre. Y por siempre.

Liderazgo / Mantenimiento de la cultura Pequeño > Grande (otra vez)

«A Mary Ann Morris, que dirige los servicios generales y los programas de voluntariado de la Clínica Mayo en Mayo Rochester, le gusta contar una historia sobre sus primeros días en la clínica. Trabajaba en un laboratorio, un trabajo que le exigía llevar un uniforme blanco y zapatos blancos. Después de una mañana frenética para llevar a sus dos hijos pequeños al colegio, llegó al trabajo y encontró a su supervisor mirándole los zapatos. La supervisora se había dado cuenta de que los cordones estaban sucios en el punto en el que pasaban por los ojales de los zapatos y le pidió a Morris que los limpiara. Ofendida, Morris dijo que trabajaba en un laboratorio, no con pacientes, así que ¿por qué iba a importar? Su supervisor le contestó que Morris tenía contacto con los pacientes en formas que no reconocía —saliendo a la calle con su etiqueta de identificación de Mayo, por ejemplo, o cruzándose con los pacientes y sus familias mientras caminaba por los pasillos— y que no podía representar a la Clínica Mayo con los cordones sucios. "Aunque al principio me sentí ofendida, con el tiempo me di cuenta de que todo lo que hago, hasta los cordones de mis zapatos, representa mi compromiso con nuestros pacientes y visitantes. Todavía

utilizo la historia del cordón sucio de los zapatos para establecer el estándar del nivel de servicio al que aspiro para mí y mis compañeros".»

—Leonard Berry y Kent Seltman, «*Orchestrating the Clues of Quality*», título, capítulo 7, de *Management Lessons from Mayo Clinic*

Tarea 73B Los «fanáticos de la cultura» (espero que seas uno de ellos) se enfocan en los pequeños detalles. ¿Cuánto se manifiesta en tus actividades cotidianas? (Sé específico, por favor).

Cultura / Mentalidad comunitaria

Recuerda:

«Las empresas existen para mejorar el bienestar humano.»

—Mihaly Csikszentmihalyi, *Good Business: Leadership, Flow, and the Making of Meaning*

Las empresas están imbricadas en la comunidad. Ser un buen vecino es una forma rentable de dirigir un negocio.

Y es lo correcto.

Lo correcto en términos de Compromiso Extremo de los Empleados (nuestra gente y sus familias como parte de la comunidad) y Apoyo Ciudadano de la Comunidad en general (todos los miembros de la comunidad son *de facto* parte de nuestro negocio).

Tarea 73C Ten en cuenta la mentalidad comunitaria. Explicítala, sin importar qué es lo que hagas. Recuerda que los negocios no son parte de la comunidad. Son *la* comunidad (la conciencia de lo comunitario siempre debe ser central).

14.74

Liderar con excelencia

Veintiuna tácticas probadas

1. «Me-importismo» / ¡Debes preocuparte!

2. GDP / Gestionar Dando Paseos (¡Diariamente!)

3. GCZ / Gestionar Con Zoom (¡Diariamente!)

4. Reuniones. Preparación de reuniones. EXCELENCIA en las reuniones.

5. Ignorar a los «enemigos». Reclutar y desarrollar aliados y amigos. El ochenta por ciento de tu tiempo.

6. Adular a los de «ABAJO» para tener éxito. Aprovecha el poder en la sala de calderas.

7. ¡Siempre es la hora del espectáculo! ¡Dispensa entusiasmo!

8. Querer liderar (o no).

9. Cincuenta por ciento de tiempo no programado.

10. Leer. Leer. Leer. Leer.

11. ESCUCHA agresiva-feroz / EXCELENCIA en la escucha = Valor central n.º 1.

12. La trampa de la velocidad. Desacelera. Todas las cosas importantes (relaciones, excelencia, etc.) llevan (mucho) tiempo.

13. «Poder tranquilo». Buscar y promover a los silenciosos / Los introvertidos = mejores líderes.

14. Lo positivo supera a lo negativo 30:1.

15. «Gracias». El hábito más importante. Pequeño > Grande.

16. La disculpa (rápida / abrumadora) funciona. La disculpa rinde.

17. Conocimiento de sí mismo = Fuerza del líder n.º 1 (Para tu información: ¡tu autopercepción apesta!)

18. 14 = 14 / 14 personas = 14 (dramáticamente diferentes) estrategias de comunicación.

19. Una «cultura de la amabilidad». A = R = B / Amabilidad = Repetición del negocio = Beneficios. Base para la mayoría de las tácticas anteriores.

20. Gracia.

21. Líder como «director de cultura». Mantenimiento de la cultura = Trabajo a tiempo completo.

Resumen ejecutivo

Excelencia ahora:
Los cuarenta y tres
números uno

15.75

Excelencia ahora:
Los cuarenta y tres
números uno

Cuarenta y tres años persiguiendo la excelencia. Cuarenta y tres ideas clave. Cuarenta y tres desafíos. Cuarenta y tres oportunidades. No hay un orden lineal: cada una de ellas es un verdadero «número uno».

Inversión de capital de la empresa n.º 1: ¡Formación! ¡Formación! ¡Formación! Así es: inversión de capital, no «gasto empresarial». Si te parece que eso suena extremo, pregúntale a un almirante, un general, un jefe de bomberos, un jefe de policía, un entrenador de fútbol, un entrenador de tiro con arco, un director de teatro, un jefe de operaciones de una central nuclear o un jefe de una sala de urgencias o de una UCI (o a un orador público: yo).

Axioma n.º 1: Lo duro (planes, organigramas, números) es lo blando (abstracto, fácil de manipular). Lo blando (las personas, las relaciones, la cultura) es lo duro (lo fundamental, lo que se mantiene). Lo duro es lo blando. Lo blando es lo duro. Mi razón de ser durante los últimos cuarenta y tres años en diez palabras.

Mandamiento n.º 1: La excelencia no es una «aspiración». La excelencia no es una colina que hay que subir. La excelencia son los próximos cinco minutos. Tu próximo correo electrónico. Tu próxima reunión, real o virtual. Tu próximo intercambio fugaz con un cliente. O no es nada en absoluto.

Obsesión n.º 1: «La estrategia es una mercancía. La ejecución es un arte.» / Peter Drucker. «Los aficionados hablan de estrategia. Los profesionales hablan de logística.» / General R.H. Barrow. «No olvides meter la cortina de la ducha en la bañera.» / Conrad Hilton sobre el «secreto del éxito número uno». La ejecución, a menudo el trabajo sucio que se da por sentado, es el «último noventa y cinco por ciento».

Trabajo n.º 1: Establecer y mantener una cultura en la que las personas sean lo primero. «Las empresas tienen que ofrecer a las personas vidas enriquecedoras y gratificantes... o simplemente no vale la pena hacerlo.» / Richard Branson. «Tus clientes nunca serán más felices que tus empleados.» / John DiJulius, gurú del servicio al cliente. Anatomía de la empresa: Personas (líderes) al servicio de personas (personal de primera línea) al servicio de personas (clientes y comunidades). Estándar de oro: «E al cubo» = (Extreme Employee Engagement: compromiso extremo de los empleados).

«ismo» n.º 1: «Me-importismo». Todas las palabras y sugerencias y mandamientos sobre «las personas primero» son bromas de mal gusto a menos que al líder le «importe» la gente para empezar. Como señalo posteriormente, preocuparse profunda y demostrativamente por las personas *per se* es claramente la consideración n.º 1 en las decisiones de promoción a cualquier puesto de liderazgo, incluida la gestión de proyectos de equipos pequeños. Y hay que recopilar con asiduidad pruebas contundentes sobre el cociente de importismo (QI) del candidato a líder.

Tarea de borrado de vocabulario n.º 1: Elimina permanentemente «RR.HH. / Recursos Humanos» de tu vocabulario. Los trabajadores son, se espera, contribuyentes comprometidos y dedicados al crecimiento con nombres como Malia o Max, no «recursos humanos» (o «activos») sin nombre de los que extraer la máxima productividad hasta que sean sustituidos por robots o IA y llevados al desguace humano.

Vocación n.º 1: Liderar = Maximizar el potencial humano. No hay vocación más alta. Definición operativa: Un gran directivo está literalmente *desesperado* por que cada uno de los miembros de su equipo tenga éxito, crezca y florezca. «El papel del director es crear un espacio en el que los actores y actrices puedan llegar a ser más de lo que han sido antes, más de lo que han soñado ser.» / El oscarizado director Robert Altman.

Obligación moral n.º 1: No dejar ninguna piedra sin remover para preparar a los trabajadores, incluidos los de tiempo parcial, lo mejor posible para un mundo loco, loco. «La empresa existe para mejorar el bienestar humano.» / Mihaly Csikszentmihalyi

Previsión del equipo de liderazgo n.º 1: «Las investigaciones de McKinsey & Company sugieren que, para tener éxito, hay que empezar por promocionar a las mujeres.» / Nicholas Kristof. «Las mujeres están mejor valoradas en doce de las dieciséis competencias que componen un liderazgo sobresaliente.» / *Harvard Business Review.* La literatura es clara: las mujeres son mejores líderes. Caso cerrado. No hay que perder el tiempo. Poned muchas, muchas más mujeres al mando y, en particular, en puestos de alta dirección y ejecutivos. Ahora. Objetivo a corto plazo: que el consejo de administración tenga más del 50 % de mujeres en dos años.

Fuerza empresarial n.º 1: «En los grandes ejércitos, el trabajo de los generales es respaldar a sus sargentos.» / Coronel del Ejército Tom Wilhelm. Los gerentes de primera línea dirigen de forma abrumadora todas las variables clave de productividad, calidad de productos y servicios, retención de empleados, compromiso de los empleados, desarrollo de los empleados e innovación. Por lo tanto: Fuerza n.º 1. Actúa en consecuencia.

Requisito de contratación n.º 1: «Solo contratamos a gente agradable.» / El director general de la biotecnología, Peter Miller. «Buscamos personas que sean cálidas y cariñosas y realmente altruistas. Buscamos gente que tenga una actitud divertida.» / Colleen Barrett, Southwest Airlines. Contrate, ante todo, por su coeficiente emocional, su empatía y sus «habilidades blandas» para el 100 % de los puestos de trabajo. La investigación interna sobre la eficacia de los empleados y equipos de Google sugiere que las habilidades blandas son lo primero aun en ese ambiente tecnológico, donde es tan importante como para los hoteleros o los restauradores.

Requisito de promoción n.º 1: La selección de líderes, especialmente los puestos de primera línea, es la clase más importante de decisiones estratégicas que toma la dirección. Drucker dijo que los ascensos son «decisiones de vida o muerte». Una vez más 10×: La Inteligencia Emocional / las «habilidades blandas» mandan.

Valor central n.º 1: La excelencia en la escucha. Escuchar = Compromiso. Escuchar = Respeto. Escuchar = Aprender. Escuchar = Cerrar la venta. No se trata de una escucha pasiva; es una «escucha agresiva» según el capitán de la Marina Mike Abrashoff. «La mejor manera de persuadir a la gente es con los oídos.» / Exsecretario de Estado Dean Rusk. «Nunca pierdas una buena oportunidad para callar.» / Will Rogers.

Estado mental n.º 1: Las organizaciones excelentes son, ante todo, comunidades vibrantes. Y comunidades que están integradas en comunidades. Acción requerida: Compromiso extremo con la comunidad. Reflexiona profundamente sobre la idea de «comunidad».

Oportunidad de igualdad racial n.º 1: Reconocer y borrar la desigualdad, que está más presente de lo que se cree dentro de las paredes de la organización. Poner en marcha un plan de pasos audaces lo antes posible. Todo el mundo debe participar. Por un lado, la composición del equipo ejecutivo debe reflejar, en un plazo razonablemente corto, a la población. «Aprecio su post sobre *Black Lives Matter*. Ahora muéstreme una foto de su equipo directivo y su junta directiva.» / Brickson Diamond, director general de la consultora de diversidad Big Answers.

Estrategia de valor añadido n.º 1, diferenciador n.º 1, sello de humanismo n.º 1, domador de IA n.º 1: La excelencia en el diseño equivale a un humanismo extremo; productos y servicios, tanto internos como externos, con corazón, alma y espíritu, que hacen que el mundo sea un poco mejor y que nos hacen sentir orgullosos. «El diseño es el alma básica de una creación hecha por el hombre.» / Steve Jobs. «De alguna manera, al cuidar, estamos sirviendo a la humanidad. La gente puede pensar que es una creencia estúpida, pero es un objetivo: es una contribución que esperamos poder hacer, de alguna manera, a la cultura.» / Jony Ive, diseñador jefe de Apple. Acción: nada menos que hacer de la mentalidad de diseño una forma de vida y una parte de cada decisión en cada rincón será suficiente. «Solo una empresa puede ser la más barata. Todas las demás deben utilizar el diseño.» / Rodney Fitch, director general de una empresa de diseño del Reino Unido.

Táctica diminuta de valor añadido n.º 1: Pequeño > Grande. CSB / Cosas que Salen Bien. Los «pequeños detalles» son los que se quedan en la mente y permanecen allí. «Las pequeñas y triviales cortesías son las que golpean más profundamente en el corazón agradecido y apreciativo.» / Henry Clay. «No recordamos los días, sino los momentos.» / Cesare Pavese. Hacer Cosas que Salen Bien como una pasión para todos y cada uno.

Credo de éxito de valor añadido n.º 1: «Las tres reglas: 1. Mejor antes que más barato. 2. Mejor tocar ingresos antes que costes. 3. No hay más reglas.» Estas reglas fueron las conclusiones de un estudio de Deloitte sobre veintisiete empresas de alto rendimiento extraídas de una muestra de 25.000 empresas.

Imperativo global n.º 1: Comprometerse con la sostenibilidad extrema. No hay excusas, ni un minuto que perder. La sostenibilidad debe formar parte de prácticamente todas las decisiones, especialmente las de diseño. «La sostenibilidad es lo correcto, lo inteligente y lo rentable.» / Hunter Lovins. «Compra menos, elige bien, haz que dure. Calidad en lugar de cantidad. Eso es la verdadera sostenibilidad.» / Vivienne Westwood.

El compromiso con las redes sociales n.º 1: «Prefiero entablar una conversación en Twitter con un solo cliente que ver cómo nuestra empresa intenta atraer la atención de millones de personas en un codiciado anuncio de la Super Bowl.» / Director general de Tangerine, empresa estrella de servicios financieros canadiense. «Se necesitan 20 años para construir una reputación y cinco minutos para arruinarla.» / John DiJulius. En gran medida, tu estrategia en las redes sociales eres tú. Actúa a lo grande, actúa rápido, actúa en consecuencia.

Necesidad de extremismo n.º 1: Mis pasiones y nombres de dominio propios:

ExtremeHumanism.com.
ExtremeSustainability.com.
ExtremeCommunityEngagement.com.
ExtremeEmployeeEngagement.com.
ExtremeDesignMindfulness.com.
RadicalPersonalDevelopment.com.
HumanismOffensive.com.
FierceListening.com.
AggressiveListening.com.

Oportunidad de desarrollo empresarial n.º 1: «Olvídate de China, India e Internet: El crecimiento económico lo impulsan las mujeres.» / *The Economist.* «Las mujeres son el mercado mayoritario.» / Fara Warner. Las mujeres lo compran *todo*. Espabila. Puede que lo creas, pero ¿actúas en consecuencia? Es necesario un reajuste estratégico.

Oportunidad de mercado perdida n.º 1: «Las personas que hoy cumplen 50 años tienen la mitad de su vida adulta por delante.» / Bill Novelli de AARP. Los *oldies* tienen todo el dinero y mucho tiempo para gastarlo. Espabila. Actúa en consecuencia. Estado actual del tratamiento de la EOMO / *Enormous Oldies Market Opportunity* (oportunidad enorme del mercado de viejitos): los responsables de marketing y los desarrolladores de productos jóvenes no tienen ni idea de lo que pierden = Estúpidos. ¡Es necesario un reajuste estratégico!.

Piedra angular de la economía n.º 1: Las pymes / pequeñas y medianas empresas nos emplean a casi todos y crean casi todos los nuevos puestos de trabajo, Son la fuente de casi toda la innovación, y son el hogar principal de la excelencia. Celébralas. Cultívalas. Aprende de ellas.

Hito de innovación n.º 1: QMCIG / Quien Más Cosas Intenta Gana. Versión ampliada: QMCP (YMRF) G / Quien Más Cosas Intenta, (Y Más Rápido Fracase) Gana. Requisito de la cultura QMCIG: «Falla más rápido. Triunfa antes». / David Kelley. «Fracasa. Sigue. Rápido». / CEO de alta tecnología. «Fracasa otra vez. Fracasa mejor.» / Samuel Beckett. Requisito: Una «cultura de juego serio» inclusiva, como dice el gurú de la innovación del MIT Michael Schrage. 100 % de participación, 100 % de innovación.

Requisito de enrarecimiento de la innovación n.º 1: Quien tenga más extraños y más raros, en todos los rincones de la empresa, gana el Gran Juego de la Innovación. «La similitud» equivale a la muerte de la innovación. Según una investigación sobre innovación bien contrastada de Scott Page, «la diversidad triunfa sobre la capacidad». Empieza por rarificar el consejo de administración. Ahora.

Mentalidad de liderazgo en innovación n.º 1: «Estamos locos. Solo debemos hacer algo cuando la gente diga que es una locura. Si la gente dice que algo es bueno, significa que alguien ya lo está haciendo». / CEO de Canon. «Me siento incómodo cuando estoy cómodo.» / La leyenda de la publicidad Jay Chiat. «Aprende a no tener cuidado.» / La fotógrafa Diane Arbus. «Si las cosas parecen estar bajo control, es que no vas lo suficientemente rápido.» / El piloto de carreras Mario Andretti.

Mentalidad de IA como amiga, no como enemiga n.º 1: No pienses ni por un momento que el énfasis en las personas niega el tsunami tecnológico que nos está engullendo. Hay dos formas de ver a la IA: la Inteligencia Autónoma (sin humanos) frente a la Inteligencia Aumentada. AuraPortal, la empresa de software de trabajo remoto y productividad empresarial, describe este tira y afloja: «Mientras que la Inteligencia Artificial es la creación de máquinas para que trabajen y reaccionen como los humanos, la Inteligencia Aumentada es el uso de esas mismas máquinas con un enfoque diferente: mejorar al trabajador humano». Camina, no corras: considera las opciones y configuraciones de la IA y su impacto sistémico con extremo cuidado.

Actividad estratégica diaria n.º 1: GDP / Gestionar Dando Paseos. GDP es la pieza central de una verdadera cultura de «las personas primero», y fue, efectivamente, la pieza central de *En busca de la excelencia*. GDP debería ser una alegría, no un trabajo duro. Si no te gusta el GDP, búscate otro trabajo. Addenda 2021: GCZ / Gestionar Con Zoom, puede, con determinación y práctica, aportar a las reuniones virtuales el mismo espíritu atractivo, la misma espontaneidad y la misma intimidad que GDP aporta en su mejor momento cuando estás cara a cara.

La gestión del tiempo n.º1: Vivimos en la «era de la disrupción». Resopla y resopla. Desacelera. Todas las cosas importantes —relaciones, excelencia, diseño que cambia el mundo, calidad— requieren tiempo, y mucho. Y según la superestrella de Intel, Dov Frohman, los líderes deberían mantener religiosamente el 50 % de su tiempo sin programar.

Inversión de tiempo n.º 1: Las mejores relaciones, amplias y profundas, impulsan todo el éxito. «Las relaciones personales son la tierra fértil de la que crece todo avance, todo éxito, todo logro en la vida real.» / La superestrella de la inversión Ben Stein. La excelencia en las relaciones requiere tiempo, tiempo y tiempo. Y más tiempo. El sello distintivo de hacer las cosas es la relación en la que el trabajo se hace realmente. Mensaje: Adula a los de abajo (no a los de arriba) para tener éxito.

Clave del cambio radical n.º 1: *Haz amigos. Ignora a los enemigos.* ¿Quieres un cambio radical? Evita a los que no están de acuerdo. Dedica el 80 por ciento (sí, el 80 por ciento) de tu tiempo a reclutar, desarrollar y cultivar aliados. Luchar es una pérdida de tiempo y energía mental, y en más de nueve de cada diez casos, el tiro sale por la culata. Desarrolla una banda de amigos comprometida, animada, incansable y obsesionada con la acción… ¡y rodea a los disidentes!

Marco temporal del rendimiento n.º1: Largo > Corto. La investigación acumulada a nivel mundial afirma que las empresas gestionadas a largo plazo superan *salvajemente* (palabra correcta) a las que se centran en las próximas cifras de beneficios trimestrales. La religión de «solo importan los próximos 90 días», maximizar el valor para el accionista, de hace 50 años, ha sido la fuerza más destructiva —y errónea— en el mundo de los negocios y, por ende, en la sociedad en su conjunto. «Las mismas personas en las que confiamos para que inviertan en las capacidades productivas que aumentarán nuestra prosperidad compartida están, en cambio, dedicando la mayor parte de los beneficios de sus empresas a usos que aumentarán su propia prosperidad.» / El economista William Lazonick.

El distintivo n.º 1: La cultura lo conquista todo: «La cultura se come la estrategia para desayunar.» / Ed Schein, del MIT. «La cultura no es solo un aspecto del juego: es el juego.» / Lou Gerstner, jefe de IBM. El desarrollo y mantenimiento de la cultura es lo primero. El mantenimiento de la cultura debe ser una obsesión de un minuto a la vez. Para siempre. Y para siempre.

Palabra poderosa n.º 1: El reconocimiento es la palabra más poderosa del lenguaje, y la herramienta más poderosa del kit del líder. «Las dos cosas más poderosas que existen: una palabra amable y un gesto considerado.» / Ken Langone, cofundador de Home Depot. La palabra más poderosa: «Gracias». Los pequeños agradecimientos constantes superan a los grandes agradecimientos. La manía de dar las gracias mueve montañas.

Ratio dorado n.º 1: «La atención positiva es treinta veces más poderosa que la negativa para crear un alto rendimiento en un equipo». / Marcus Buckingham y Ashley Goodall. Conclusión: Lo positivo (el aprecio, la ayuda, el apoyo) supera a lo negativo (la crítica) en una proporción de 30 a 1. Trabaja sobre los puntos fuertes. Además, tu «habilidad» para dar retroalimentación negativa es cero en una escala de 1 a 10 (apenas una exageración). Además, la retroalimentación negativa es contraproducente; está demostrado que es el desmotivador número 1. (Enigma: ¿Por qué es tan difícil para tanta gente dar un *feedback* positivo con regularidad?)

Milagro de tres minutos n.º 1: «Considero que pedir disculpas es el gesto más mágico, sanador y restaurador que pueden hacer los seres humanos. Es la pieza central de mi trabajo con los ejecutivos que quieren mejorar». / El principal *coach* de ejecutivos, Marshall Goldsmith. Un «lo siento» inmediato y sincero borra prácticamente todos los pecados. Una llamada de disculpas de tres minutos, sin excusas y desde el corazón, en el momento adecuado, puede salvar una venta de mil millones de dólares.

Pecado de la estandarización n.º 1: Las personas no son estándares. Las evaluaciones no deben ser estandarizadas. Nunca. Una talla única para cada uno. Ley de hierro para los líderes: Cada individuo requiere una estrategia de comunicación radicalmente diferente.

Hábito personal n.º 1: Leer. Leer. Luego: Leer. Leer. Leer. El estudiante más tenaz-obsesivo en cualquier línea de trabajo sale ganando. A los seis años o a los 66. Inversor del Salón de la Fama de Wall Street: No leer lo suficiente es el «defecto número uno de los directores ejecutivos».

Tarea más difícil n.º 1: Numerosos gurús del liderazgo insisten en que la autogestión eficaz es el principal atributo del éxito del líder. Y esto es un hecho incuestionable: su autopercepción apesta. El éxito de la autogestión requiere una hora de conciencia y trabajo honesto… para siempre. Y necesitas mucha retroalimentación consistente sobre esto.

Reflexión n.º 1: «He estado pensando en la diferencia entre las "virtudes del currículum" y las "virtudes del apnegírico". Las virtudes del currículum son las que se enumeran en el mismo, las habilidades que aportas al mercado laboral y que contribuyen al éxito externo. Las virtudes del panegírico son más profundas. Son las virtudes de las que se habla en tu funeral, las que existen en el núcleo de tu ser: si eres amable, valiente, honesto o fiel, qué tipo de relaciones formaste». / David Brooks. Mi consejo, 10× hoy, por tu bien y el de los demás: ¡Concéntrate en las virtudes del panegírico!

Norma de Liderazgo Permanente COVID-19 n.º 1: Sé amable. Sé cariñoso. Sé paciente. Sé indulgente. Está presente. Sé positivo. Ponte en el lugar de la otra persona. «Conclusión»: Lo que hagas como líder —ahora mismo— será el sello de toda tu carrera.

Epílogo

Respondiendo a numerosas peticiones...
Una memoria

Mucha gente me ha animado a escribir unas memorias. Pues bien, finalmente he cedido. Este libro, en efecto, son mis memorias. Está dedicado exclusivamente a las cosas que me preocupan profundamente (¡muy profundamente!). Las cosas que han surgido y se han convertido en preocupaciones desde el día en que, en 1966, recién salido de la escuela de ingeniería, me convertí en comandante de un batallón de ingeniería de combate en Vietnam. O el día en que, en Nueva York, en 1977, el director general de McKinsey & Co., Ron Daniel, planteó una pregunta mágica que determinó el rumbo de mi vida: declaró que estaba harto de que las brillantes estrategias de la empresa no pasaran la prueba al ser aplicadas: ¿qué demonios faltaba? Así, aunque yo no lo sabía en ese momento, se concibió *En busca de la excelencia*.

Mientras investigaba ese primer libro, aprendí, primero del presidente de Hewlett-Packard, John Young, que algunos líderes, los mejores diría yo, pasaban más tiempo del que uno podría imaginar en el «taller» (de cuello azul o blanco) paseando, conociendo y mostrando aprecio por la gente que hace el trabajo real de la organización. Esta misma gente también pasó «más tiempo del que uno podría imaginar» en contacto directo con los clientes, juzgando el impacto práctico y emocional de sus productos y servicios en las personas cuya alegría —o problemas— hacen o deshacen las empresas de esos líderes. Pasé algún tiempo observando a Steve Jobs en su trabajo, y aprendí cómo es una verdadera e inquebrantable obsesión por el diseño, y los impresionantes resultados que puede producir. (*En busca de la excelencia* fue escrito en una Apple II). Observé de cerca cómo Anita Roddick recorría el mundo en busca de productores asociados para The Body Shop que se convirtieran en sus proveedores y transformaran sus comunidades en el proceso: la dimensión moral de los negocios en su mejor momento y más inspirador. El fundador de Southwest Airlines, Herb Kelleher, me dijo en una ocasión: «Uno de mis trabajos favoritos es escribir una carta a un cliente que ha sido abusivo con uno de nuestros empleados e informarle de que ya no es bienvenido a volar con nosotros». Eso sí que es apoyar el bienestar de los miembros de tu equipo.

Como he dicho una y otra vez en estas páginas —y en las de mis primeros dieciocho libros—, las ideas no son complejas; no requieren ningún dominio del cálculo ni de la química ni de la física. Pero la práctica de las mismas a menudo se queda corta.

Recopilar y compartir estas ideas —«Gestionar Dando Paseos» de Young, las cartas de Kelleher a los clientes que se portan mal, la obsesión por el diseño de Jobs, la mentalidad comunitaria de Roddick— es el trabajo de mi vida y, de hecho, mi vida. Han llegado a costa de millones de agotadores kilómetros de viajero frecuente y un centenar, o cien mil, conexiones de aerolíneas atrasadas. Sin embargo, a pesar de los horrendos desaguisados en mi viaje a un destino en alguno de los 63 países en los que he hablado, y lo juro, nunca he estado con un público, entre los más de 2500 a los que me he dirigido, con el que no haya establecido un profundo vínculo. Y, por las notas que he recibido, sabían que me había vinculado con ellos, convirtiéndome en su acompañante espiritual (y regañón) en los primeros pasos de un viaje hacia «las personas primero» y, sí, hacia la excelencia. Muchos, si no la mayoría, no alcanzaron mis elevadas aspiraciones para ellos, pero cientos de cartas indicaban que un grupo considerable se había convertido en dobles de Kelleher o Roddick y había descubierto el valor emocional y «comercial» de crear una comunidad humana en crecimiento y en constante innovación, ya sea que cuente con seis o 600 empleados.

Sí señor, aprecio especialmente las cartas, no de directores generales, sino de directores de institutos y jefes de bomberos y entrenadores de fútbol, e incluso un entrenador de la NFL —y, para mi sorpresa, algún que otro pastor o sacerdote—, dándome las gracias por haberles lanzado a un camino productivo y alegre. Una vez un asistente a uno de mis seminarios me dijo, en presencia de un público con el que acababa de pasar ocho agotadoras horas, que «he invertido un día con usted y no he aprendido nada nuevo». Supongo que me puse visiblemente pálido, y luego escuché cómo continuaba: «Pero ha sido el mejor día que he pasado»; ha sido, dijo: «destello cegador de lo evidente». Cuidar de la gente, escuchar de verdad a los clientes, no aspirar a menos que la excelencia incluso en los actos más pequeños. Supongo que, al final, soy, como insinuó aquel participante, Manny García, propietario de una gran cadena de restaurantes del sur de Florida, un proveedor de DCE (Destello Cegador de lo Evidente).

Esos comentarios son mi legado. Y aquí, en las páginas de este, mi decimonoveno libro, comparto con deleite y esperanza estas ideas, estos DCE, que son mi razón de ser. Sí, este es mi verdadero y único posible libro de memorias.

Gracias por acompañarme en el viaje. Y buena suerte.

Tom

Agradecimientos especiales

Nancye Green

Stuart Lopez

Julie Anixter

Shelley Dolley

Melissa Wilson

Estos cinco han hecho de este libro, de esta «suma», lo que es.

Nancye y Stuart, en particular, ofrecieron una sugerencia creativa tras otra, mucho más allá de su estelar trabajo de diseño. (Nancye a menudo no hacía «sugerencias», sino que daba órdenes. Por ejemplo, ella es la responsable del título).

Julie Anixter es una fuerza, el mayor elogio que puedo ofrecer a uno de mis compañeros. Tiene la maravillosa costumbre de adelantarse a todos nosotros: su pasión se desborda. Y se contagia a lo grande.

Shelley Dolley y yo hemos trabajado juntos durante más de 20 años. Incluso ella admite ser excesivamente meticulosa; no hay detalle demasiado pequeño por el que se preocupe hasta casi la muerte, para mi eterno beneficio. Y su licenciatura en artes liberales añade un sabor que ningún ingeniero-MBA (yo) podría concebir. (¿Qué te parece? Celebrar la educación en

Humanidades de Shelley y su influencia, y terminar la frase con una disculpa. ¡Lo siento, Shelley!).

Melissa G. Wilson ha hecho todo lo insustituible que solo un editor decidido puede hacer. ¡Hurra!

Y:

Los más de 30 podcasters que me pidieron que hablara sobre «El liderazgo frente al Covid-19». Me permitieron comprobar —una vez más— lo mucho que me importa este material. El liderazgo reflexivo y atento en la época del Covid-19 puede y debe practicarse todo el tiempo. Por siempre y para siempre. Esperemos que se convierta en la norma.

Bob Waterman, mi coautor de *En busca de la excelencia*, el libro que me permitió hacer lo que he estado haciendo durante las últimas décadas. Bob es todo un profesional en muchas dimensiones, y él y su extraordinaria esposa, Judy, han sido anclas emocionales para mí desde 1977.

Un sentido guiño al fallecido Dick Anderson (Capitán Richard E. Anderson USN). Fue mi primer jefe cuando empecé mi andadura laboral como oficial de ingeniería de combate subalterno (con las orejas mojadas y empapado solo de pensarlo) en los Marines de la Armada de EE.UU. en Vietnam, con 24 años. En pocas palabras, el capitán Anderson es mi mentor número uno en la vida adulta. Punto y aparte.

Y, finalmente: ¡Susan!! (Si este libro fuera en color, todos los signos de exclamación serían de color rojo brillante).

Ecosistema
digital

Floqq
Complementa tu
lectura con un curso
o webinar y sigue
aprendiendo.
Floqq.com

Redes sociales
Sigue toda nuestra
actividad. Facebook,
Twitter, YouTube,
Instagram.

Amabook
Accede a la compra de
todas nuestras novedades en
diferentes formatos: papel,
digital, audiolibro
y/o suscripción.
www.amabook.com

EDICIONES URANO